AF379009

ADRIÁN FERNÁNDEZ
MEMORIAS PENDIENTES
PENDING MEMORIES

ADRIÁN FERNÁNDEZ
MEMORIAS PENDIENTES
PENDING MEMORIES

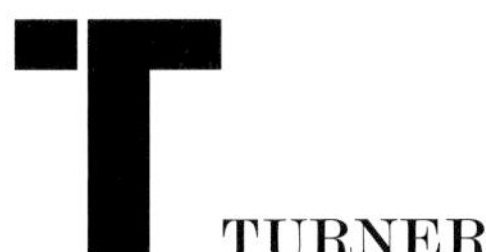

A MI HIJA
A MI ESPOSA
A MIS PADRES
—
A PROYECTOS QUE FUERON
A CAMINOS FUTUROS

TO MY DAUGHTER
TO MY WIFE
TO MY PARENTS
—
TO PROJECTS THAT WERE
TO FUTURE PATHS

MI AGRADECIMIENTO A TODOS LOS AMIGOS
QUE BRINDARON SU APOYO EN LA REALIZACIÓN
DE ESTE LIBRO EN TIEMPOS EXCEPCIONALES
MY GRATITUDE TO ALL THE FRIENDS
WHO OFFERED THEIR SUPPORT IN THE REALIZATION
OF THIS BOOK IN EXCEPTIONAL TIMES

EN ESPECIAL A
ESPECIALLY TO

Fabian & Claude Walter Galerie
Nivaldo Carbonell & NG Art Gallery
Mike Carrol & The Schoolhouse Gallery
The Museum of Fine Arts, Houston
Robyn Mewshaw & Ben Indek
Gail & Robin McMillan
Jayant & Maria Kumar
Chas A. Miller III
Malcolm Daniel
Iván de la Nuez
Víctor Cabrera y Cristina Rodríguez
Alex Hernández y Ariamna Contino
Frank Mujica
Laura Arañó
Lisset Alonso
Gladys Garrote
Luis Valdés

ÍNDICE
CONTENTS

PAISAJES SIN TÍTULO
PARA UN MUNDO SIN NOMBRE

—

IVÁN DE LA NUEZ

La aparición de la fotografía tuvo un impacto irreversible en la narración del mundo. Su irrupción puso en crisis, al mismo tiempo, a la pintura y a la literatura: hizo tambalear sus respectivos relatos sobre la realidad y provocó consecuencias jurídicas que conviene refrescar de vez en cuando.

Y es que hubo un tiempo, hoy casi olvidado, en el que los propietarios de los edificios detentaban también el derecho de su representación. Dueños del perímetro, tenían la potestad de prohibir su fotografía. Se comportaban, sin más, como amos y señores del paisaje.

En su ensayo sobre el éxtasis de las influencias, el novelista norteamericano Jonathan Lethem da vueltas sobre el momento en el que la fotografía consigue atravesar esta alambrada. Ese punto exacto en el que la ley le permite intervenir sobre los muros y los seres. El instante en que las leyes decidieron «premiar por primera vez a los piratas».

«¿Robaba el fotógrafo algo de la persona o del edificio cuya imagen retrataba?»

Esto se pregunta Lethem.

Pues bien, a partir de ese cambio legal, hubo algo que pasó a ser propiedad de todos, un espacio liberado en el que nos fue posible comenzar a intervenir sin pagar peaje ni pedir permiso.

En esa libertad conquistada se planta la obra de Adrián Fernández. Justo en ese horizonte «donde un gato es libre de mirar a un rey».

Esa obra está marcada por la atracción de los espacios; por la imantación que llegan a ejercer sobre nosotros mundos mejores, o más avanzados, o simplemente distintos.

Con tal capacidad de arrastre funcionó la *República* de Platón: un molde de ciudad–Estado siempre dispuesta a acogernos como capital del entendimiento, el mérito y la justicia. O la *Utopía* de Moro, especie de rebaño futurista guiado por un rey severo y donde todas las piezas encajaban. O la *Ciudad del Sol* de Campanella, territorio armado entre el protocomunismo y la comuna *hippie*, donde el diálogo operaba como garante del amor y la concordia. O el *Brasil* distópico de Terry Gilliam (reinterpretando a Orwell). O «La zona» en *Stalker*, de Andrei Tarkovsky. O la comunidad que cautiva, río adentro, al personaje de *Los pasos perdidos*, de Alejo Carpentier. O el último confín en el que se precipita Fitzcarraldo para construir la ópera ideal donde pudiera cantar Enrico Caruso. O los agujeros negros, los remolinos, los ojos de los huracanes, los cráteres de los volcanes invitándonos a sumergirnos en el centro de la Tierra. O a Marte y la Luna incitándonos a salir más allá de esta...

Como los de Adrián Fernández, estos planos cumplían con la paradoja de funcionar como paisajes que estaban fuera de lugar. Y en todos, por debajo de su imagen idílica, se dejaba percutir el imán de las tinieblas.

En uno u otro caso, estos paisajes nos demandan abandonar la escala humana de nuestro espacio inmediato para involucrarnos, finalmente, en una expedición que supera esa medida. Certifican que de nada vale una disidencia con la historia si no la tenemos, también, con la geografía.

Como si, ante lo inviable que resulta mejorar este mundo, borboteara la ilusión de otro que se esconde, inédito, al margen del que ya conocemos.

Como si ese otro mundo fuera posible, pero solo por el hecho de no estar en este.

De ahí la recuperación del situacionismo atrincherado en la ciudad (según Lefebvre) y el minimalismo expandido en el campo (según Rosalind Krauss). La abducción del desierto descrita por Borges y el destino. La ubicuidad y la más inevitable de todas las atracciones: la ley de gravedad.

Y Tatlin y la vanguardia rusa y el futurismo italiano y el pop y los posmodernistas...

Todos estos movimientos invadieron en el paisaje para modificarlo. Esto es: para convertirlo en otro paisaje.

Lo pusieron a disposición del arte para que este lo boicoteara sin contemplaciones. Quizá porque esa es, precisamente, la naturaleza del arte: la de ejecutar un acto de violencia sobre la superficie del mundo. Ese mismo mundo que Paul Virilio entiende como un museo de todos sus males. (Al contrario de esa tradición moderna tan asentada que nos presenta al museo como albacea de todos sus bienes).

Por esa hendija penetra Adrián Fernández en el paisaje. Sin esquivar, cuando hace falta, la teatralidad que requiere su incursión ni la escenografía portátil que precisa esta tarea cuyo destino último no consiste en armar una nueva ficción, sino una nueva realidad.

Persuadido, quizá, de que horadar la condición opresiva del paisaje es una manera fértil de desvelar sus verdades. Y de que, para esa empresa, más vale actuar por confrontación antes que por acoplamiento; por destrucción antes que por deconstrucción.

Aquí se surfea, entonces, entre Tatlin y Le Corbusier, el *high tech* de Philip Johnson y *Blade Runner*, Andrei Tarkovski y George Orwell, lo bello y lo siniestro, tal cual lo teorizó Freud.

Aquí se batalla arduamente contra el animismo ideológico de esas sociedades totalitarias fascinadas con sus estatuas.

Aquí hay un plan...

Y ese plan no es otro que el de un arte metódico que persiste en su propósito de plantar un paisaje. Como un labriego planta un árbol, como la policía planta una prueba falsa, como el espionaje planta a un topo en territorio enemigo.

Así, en estas piezas, el paisaje lucha por sacudirse «lo natural». Por arrancar tótems de un lugar para imponerlos en otro. Por encumbrar nuevos dioses en el altar cuando es imprescindible agitar el aburrimiento del olimpo.

En esa violencia no hay moralina ni retórica, sino una narración pura y dura que sigue el consejo de

Jenny Holzer: «A veces, la descripción es mejor que la metáfora».

Así que, pese a lo imponentes que resultan estos emplazamientos, no importa tanto en ellos la Historia como los cuentos particulares. Las piezas sueltas de un rompecabezas que ya sabemos que nunca terminaremos de armar.

Aquí, además, se ha construido un laberinto con varias salidas...

Puede ser al campo abierto y a la orilla del mar. Al Malecón habanero y a un desierto cualquiera del mundo. Sitios, todos estos, en los que se requiere la tarea escabrosa de levantar monumentos precisamente en una época dedicada a derribarlos.

Con Adrián Fernández atravesamos estatuas que, en realidad, son maquetas de futuras esculturas. Que son atrezo para escenografías efímeras. Que son puzles. Que son herramientas. Que son ruinas. Que son ensayos de un laboratorio con la misión imposible de encontrar la fórmula para detener el tiempo.

También modelos dispuestos para ser fotografiados y así pasar, congelados y atemporales, de un soporte a otro. Configurando, por fin, un horizonte trans–objetual que funciona a veces como puente y a veces como una inédita plataforma de lanzamiento.

En uno u otro formato, Adrián Fernández se aplica a realizar una maniobra invasiva. La de acometer, contra el paisaje, unos actos que no tienen nombre; como buena parte de las piezas de sus series, no tienen título.

Para que su invención de ese paisaje funcione, el emplazamiento debe dominar al desplazamiento, como el futuro debe domar al presente.

Solo así tendremos cabida en estas estructuras imposibles. En estos artefactos babilónicos que, como Ur —la ciudad primordial— o Las Vegas —la ciudad posmoderna—, parecen haber surgido de súbito.

Solo así nos conectaremos a estos edificios cuya urbanización parece hecha a la medida de una ciudad despoblada. Al fin de las fronteras entre fotografía, arte y arquitectura. A la transparencia de unas construcciones compuestas exclusivamente por andamios que solo pueden apuntalar el vacío. A la incógnita de unas sombras sin referente corporal a la vista. Al reverso de las vallas donde alguna vez anidó la política. A la memoria pendiente que no vamos a desentrañar en el pasado, sino en algún recodo del porvenir. A los monumentos que no se dedican a superhéroes, sino a un hombre incompleto. A la escultura de madera que tiene incorporada su propia sierra, avisándole de su próxima demolición.

Solo así, desde esta comprensión, podremos lidiar con estos fragmentos de futuro. Con las esquirlas de este porvenir que es producto de la imaginación y, a la vez, de la terca convicción de que el mejor arte es, siempre, un regalo envenenado.

De ahí que estas piezas remitan al caballo de Troya y a las matrioskas rusas, a cócteles molotov y a venenos disueltos estratégicamente por los banquetes. A bombas activadas en el interior del *presente* (en su doble condición de tiempo histórico y de obsequio).

Solo entonces, desde esa ofrenda interior que habita en cada una de estas obras, todas nuestras seguridades y todos nuestros paisajes estarán listos para volar por los aires.

UNTITLED LANDSCAPES FOR A WORLD WITH NO NAME

IVÁN DE LA NUEZ

The advent of photography had an irreversible impact on the narration of the world. It simultaneously threw painting and literature into crisis, shaking their narratives of reality and triggering legal consequences that are worth recalling every now and then.

There was a time, now almost forgotten, when the owners of buildings also held the right of representation. As owners of the perimeter, they had the power to prohibit photographing them. They simply acted as lords and masters of the landscape.

In his essay *The Ecstasy of Influence*, the American novelist Jonathan Lethem reflects on the moment when photography managed to cross this barrier. The exact point in time when the law allowed photography to intervene on walls and people. The instant in which the law decided to go "in favor of the pirates" for the first time.

"Was the photographer stealing from the person or building whose photograph he shot?"

This is the question that Lethem asks himself.

As a result of this legal change, something became everyone's property, a liberated space in which we had the possibility to begin to intervene without paying any tolls or asking for permission.

It is within this conquered freedom that Adrián Fernández's work lies. Right on the horizon "where a cat can look at a king."

His work is marked by the attraction of spaces; by the magnetism that better or more advanced worlds, or simply different ones, exert on us.

Plato's *Republic* had a similar sweeping capacity: a model of a city-state always ready to welcome us as the capital of understanding, merit and justice. Or Moro's *Utopia*, a kind of futuristic flock guided by a stern king where all the pieces fit together. Or Campanella's *City of the Sun*, a territory structured somewhere between proto-communism and a hippie commune, where dialogue operated as a guarantor of love and harmony. Or (reinterpreting Orwell) Terry Gilliam's dystopian *Brazil*. Or The Zone in Andrei Tarkovsky's *Stalker*. Or the community, upriver, that captivates the protagonist in Alejo Carpentier's *Los pasos perdidos*. Or the final confine that Fitzcarraldo rushes to in order to build the ideal opera house for Enrico Caruso to sing in. Or the black holes, the whirlwinds, the eyes of hurricanes, the craters of volcanoes, all inviting us to descend into the center of the Earth. Or Mars and the Moon urging us to go out beyond them…

Like the ones by Adrián Fernández, these scenes fulfilled the paradox of functioning as out-of-place landscapes. And in all of them, beneath their idyllic image, the magnetism of darkness could be felt.

In either case, these landscapes compel us to abandon the human scale of our immediate space to finally become involved in an expedition that surpasses that measure, certifying that there is no point in dissenting from history if we do not also dissent from geography.

As if faced with the unfeasibility of improving this world, the illusion of another hidden world, unheard of and beyond the one we already know, was bubbling inside.

As if that other world were possible, but only because we are not in this one.

Hence, the recovery of situationism entrenched in the city (according to Lefebvre) and minimalism spread out through the countryside (according to Rosalind Krauss). The abduction of the desert, as described by Borges, and destiny. Ubiquity and the most inevitable of all attractions: the law of gravity.

And Tatlin and the Russian avant-garde and Italian futurism and pop art and postmodernism.

All these movements invaded the landscape to change it. That is, to turn it into another landscape.

It was put at art's disposal so that the latter could boycott it ruthlessly. Perhaps because that is precisely the nature of art: to perform an act of violence on the world's surface. The very world that Paul Virilio perceived as a museum of all its evils (contrary to the well-established modern tradition that portrays museums as executors of all its possessions).

It is through this crevice that Adrián Fernández penetrates the landscape—without shying away, where necessary, from the theatricality required by his incursion or the portable setting required by this undertaking, whose ultimate purpose is not to create a new fiction, but a new reality.

Persuaded, perhaps, by the fact that burrowing into the oppressive condition of the landscape is a fertile

way to unveil its truths. And that, for this enterprise, it is better to act through confrontation rather than through agreement; through destruction rather than through deconstruction.

Here then the pieces navigate between Tatlin and Le Corbusier, Philip Johnson's high tech and *Blade Runner*, Andrei Tarkovsky and George Orwell, the beautiful and the sinister, as theorized by Freud.

There is a fierce struggle here against the ideological animism of those totalitarian societies, fascinated by their statues.

There is a plan here...

And this plan is none other than that of a methodical art that persists in its purpose of planting a landscape. Much like a farmer plants a tree, like the police plants false evidence, like espionage plants a mole in enemy territory.

In these works, the landscape struggles to shake off "all things natural." To remove totems from one place and set them in another. To exalt new gods on the altar when it is essential to disrupt the boredom of the Olympus.

There is no moralizing or rhetoric in this violence— just pure, straightforward storytelling that follows Jenny Holzer's advice: "Description is more valuable than metaphor."

So, as impressive as these sites may be, it is not so much The Story that matters, but rather the individual stories in them. The loose pieces from a puzzle that we already know we will never finish putting together.

Moreover, a labyrinth with several exits has been built here.

It could lead to open fields or to the seashore. To Havana's Malecon or to any desert in the world. These are all places that require the burdensome job of building monuments precisely in times dedicated to tearing them down. Together with Adrián Fernández we move through statues that are actually models of future sculptures. Props for ephemeral scenographies.

Puzzles. Tools. Ruins. Laboratory tests with the impossible mission of finding a formula that will stop time.

They are also models ready to be photographed and thereby move, frozen and timeless, from one medium to another. Configuring, ultimately, a trans-objective horizon that serves sometimes as a bridge and sometimes as an unprecedented launching pad.

In either format, Adrián Fernández sets out to perform an invasive maneuver—that of undertaking, against the landscape, acts that have no name. And like most of the pieces in his series, they have no title.

For his invention of this landscape to work, the location must dominate the relocation, just like the future must dominate the present.

Only then will we have a place in these impossible structures. In these Babylonian artifacts that, like Ur, the primeval city, or Las Vegas, the postmodern city, seem to have sprung up all of a sudden.

Only in this way will we connect with these buildings whose surroundings seem to have been designed according to an uninhabited city. To the end of the boundaries between photography, art and architecture. To the transparency of structures consisting exclusively of scaffolding that can only support empty spaces. To the enigma of shadows with no corporeal reference in sight. To the backside of billboards where politics once nestled. To the pending memories that we will not unravel in the past, but in some bend in the future. To the monuments that are not dedicated to superheroes, but to an incomplete man. To the wooden sculpture that has its own embedded saw warning itself of its upcoming demolition.

Only in this way, from this understanding, will we be able to deal with these snippets of the time that is to come. With the fragments of this future that is the figment of imagination and, at the same time, of the obstinate conviction that the best art is always a poisoned gift.

This is why these pieces refer to the Trojan Horse and Russian matryoshkas, to Molotov cocktails and poisons strategically dissolved in banquets. To bombs set off within the *present* (in its dual condition of historical time and gift).

Only then, from the inner offering that inhabits each of these works, all our certainties and all our landscapes will be ready to blast into the air.

LAS METÁFORAS DE DIEZ PISOS DE ADRIÁN FERNÁNDEZ

MALCOLM DANIEL

Ya hemos recorrido dos veces los siete kilómetros que tiene el Malecón, desde el Castillo de San Salvador de La Punta en el extremo este, hasta el río Almendares en el oeste, y seguimos sin ver la imponente e imaginativa —aunque un tanto destartalada— valla publicitaria que aparece en la obra *Sin título No. 01* de Adrián Fernández [p. 49]. ¿Acaso nuestra atención ha estado tan centrada en las vistas de la ciudad y no en el mar, que hemos pasado por delante de esa estructura de 25 metros de altura que se alza junto al muro del malecón sin darnos cuenta? ¿Dos veces? ¿O quiso la suerte que desmontaran esa antigua reliquia de la Revolución justo antes de nuestra llegada? Me digo a mí mismo que no pasa nada, ya que incluso encontrarla aún en pie en el Malecón no respondería a la pregunta más importante que me hago al mirar la fotografía de Fernández: ¿qué hay en la parte delantera?, ¿cuál era el mensaje de cara al mundo exterior?

Ando a la caza del equivalente cubano a los *spomeniks*, los colosales monumentos abstractos que salpican el paisaje de la antigua Yugoslavia [fig. 1]. Realizados bajo la presidencia de Tito durante las décadas de 1960 y 1970, esos miles de monumentos conmemoraron las batallas de ese país en la Segunda Guerra Mundial contra las potencias del Eje y celebraron el establecimiento de una república socialista, utópica y sin clases, no muy diferente de Cuba. A juzgar por las fotografías de Adrián Fernández, las estructuras cubanas se encuentran, en general, en un estado lamentable, como tantos *spomeniks* que han sido víctimas del vandalismo o del abandono [fig. 2].

Sin desanimarnos, y ahora con el mapa en la mano, ponemos rumbo al este por la Vía Monumental, dejando Cojímar atrás para tomar la Vía Blanca. Haciendo caso omiso de los cantos de sirena de las playas de arena fina y aguas cristalinas de la costa norte, nos adentramos en una zona más descampada y seguimos el camino hacia Matanzas. Por fin, llegamos a nuestro destino, el punto en la carretera donde, según nuestras anotaciones, deberíamos ver otra de esas magníficas estructuras de acero (*Sin título No. 03*), esta incluso más alta, anclada a bloques de hormigón y en voladizo desde el borde de la carretera que se eleva sobre el exuberante valle de Yumurí y las colinas cubiertas de árboles hasta donde alcanza la vista [p. 53]. En el cercano Mirador de Bacunayagua (famoso por

sus piñas coladas), nos queda claro que Fernández está lejos de ser el primero en fotografiar el panorama desde el puente más alto de Cuba, el Bacunayagua, que se extiende sobre el valle a 110 metros de altura. Para todos aquellos que viajan por esta ruta, el mirador parece ser una parada obligatoria para tomar fotos. Pero una vez más, no encontramos evidencia alguna de una estructura que en su momento debió de competir con la ingeniería del puente mismo y que quizá llegó a celebrarse como un logro supremo de la ingeniería civil cubana de finales de la década de 1950. El gerente del restaurante parece desconcertado cuando le muestro mi copia de la fotografía de Fernández, dudando de si le estamos tomando el pelo o si estamos seriamente confundidos.

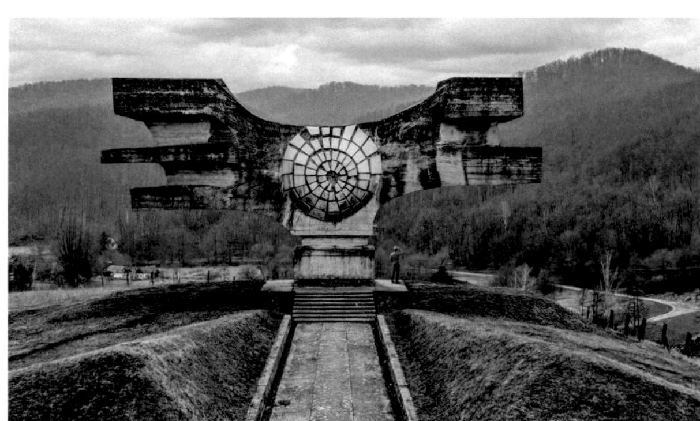

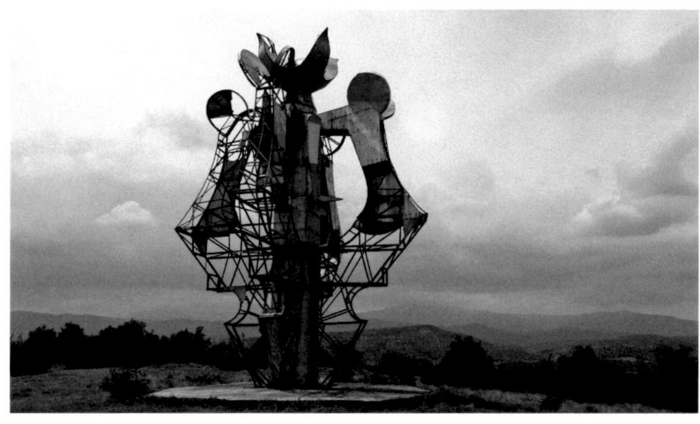

1 _ Monumento a la Revolución del Pueblo de Moslavina, Podgarić, Croacia, 1967
Foto © Donald Niebyl / Spomenik Database

2 _ Monumento a la Libertad, Gevgelija, Macedonia, 1969
Foto © Donald Niebyl / Spomenik Database

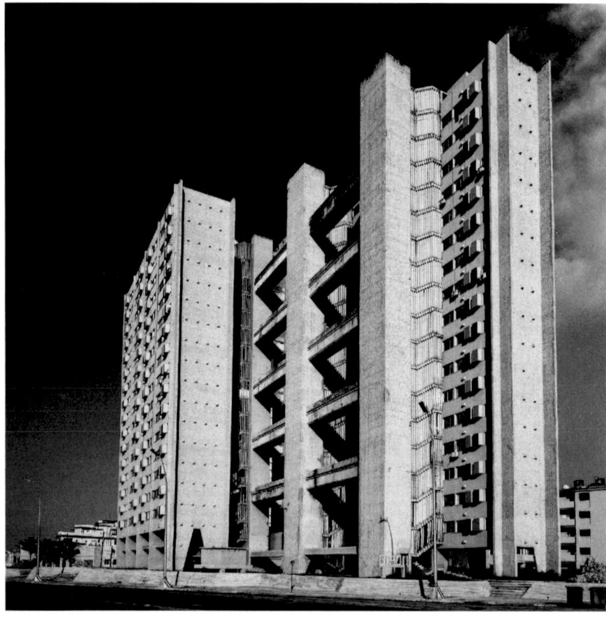

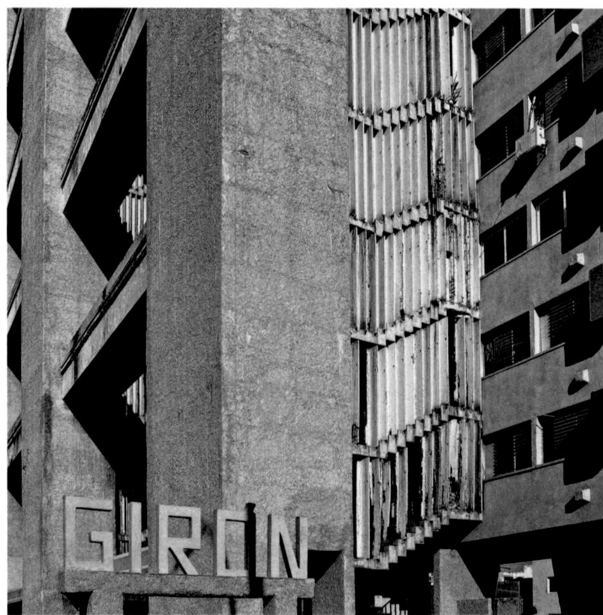

3 _ Edificio Girón, La Habana, Cuba, 1967
Arquitectos Antonio Quintana y Alberto Rodríguez Surribas
Foto: Adrián Fernández

4 _ Edificio Girón
Foto: Adrián Fernández

En realidad, todo es ficción. Sí, la carretera, el muro del Malecón, el mar y el cielo, la vista desde el puente de Bacunayagua, todo eso es real y está fotografiado por Fernández, pero las estructuras representadas en su serie *Memorias pendientes* no lo son. Inspirándose en ruinas industriales, proyectos de construcción sin terminar, vallas publicitarias y, sobre todo, en las monumentales estructuras lumínicas, llamadas «trabajos de plaza», que adornan la ciudad de Remedios en sus fiestas navideñas, Fernández trabajó con ingenieros en construcción, arquitectos e informáticos para fabricar —digitalmente— las vigas, los pernos, las escaleras y los puntales necesarios para su construcción. Cada viga, cable y remache se creó solo en la computadora del artista: la representación virtual realizada por un arquitecto de algo que podría construirse, pero que nunca llegó a hacerse. Y luego, actuando de un modo que ningún arquitecto revelaría a un cliente, Fernández le pidió al *software* que envejeciera artificialmente los materiales para mostrar el deterioro del metal, la madera y el hormigón por el paso del tiempo. Por último, superpuso la imagen virtual de la estructura que construyó y deterioró desde la computadora a la fotografía del lugar elegido.

Puesto que solo existen en un mundo imaginario, Fernández podría haber construido sus ficciones en cualquier lugar. De entre todos los sitios del Malecón que podría haber elegido para la obra *Sin título No. 01*, escogió el Edificio Girón, un complejo de apartamentos de estilo brutalista, de 17 plantas, construido en 1967 como vivienda para los trabajadores de la fábrica de ómnibus Girón [fig. 3]. Revolucionario en su diseño y sistema de construcción (moldes deslizantes), el Edificio Girón fue igualmente expresión de las aspiraciones sociales de la Revolución, al situar viviendas para obreros en el elegante barrio del Vedado, en una zona privilegiada con vista al mar, capaz de hacer llorar de envidia a cualquier promotor inmobiliario capitalista. Sus dos bloques de apartamentos modernistas se alzaron sobre las opulentas residencias y los grandes hoteles del vecindario, proclamando tanto una nueva estética arquitectónica como un nuevo orden social. Y, además de impedir la envidiable vista al mar, es fácil imaginar una estructura real, como la *Sin título No. 01*, colocada justo delante del Edificio Girón, orientada hacia el norte, como un desafío a los Estados Unidos o un saludo a cualquiera que llegase a La Habana por mar.

Aunque no podemos ver la fachada marítima de esta gigantesca valla publicitaria, podemos imaginar que se trata de un mensaje aún más explícito que el que ofrece la arquitectura del Edificio Girón.

Hay que destacar que en las vistas que ofrece Fernández en sus *Memorias pendientes*, las estructuras nunca se muestran como nos imaginamos que deberían ser vistas por el público. En su lugar, las vemos por detrás, como habitantes de un pueblo Potemkin, y solo vemos el esqueleto de una compleja estructura, oxidada y deteriorada, que en su día sostuvo la audaz imagen que ahora nos toca adivinar. Es la expresión perfecta de la perspectiva de un artista que alcanzó la mayoría de edad durante el Período Especial, que fue educado en las grandes aspiraciones de la Revolución, pero lo suficientemente joven y experimentado para reconocer el frágil caparazón que queda de aquellas aspiraciones en la Cuba de hoy. Si la primera imagen de la serie de Fernández pretendía ser una metáfora del estado de desmoronamiento de la visión utópica de la Revolución, solo tenía que haber mirado detrás de él para descubrir la realidad correspondiente y ver precisamente cómo cincuenta años de lluvia, salitre y abandono le pasaban factura. Aunque el Edificio Girón sigue estando habitado, hoy en día parece un búnker postapocalíptico, corroído por la acción del salitre, con el hormigón desmoronado y las vigas oxidadas [fig. 4]. Quizá la metáfora sea más atractiva y persuasiva que la documentación, o más aceptable.

En las primeras fotografías de *Memorias pendientes*, Fernández dice haber documentado estructuras impresionantes, ya desaparecidas, erigidas en el periodo posrevolucionario en lugares reconocibles o en sitios destacados que proclamaban los logros y las aspiraciones del país: el Malecón, el puente de Bacunayagua, la termoeléctrica de Santa Cruz del Norte (*Sin título No. 09*, [p. 66]), el imponente aunque algo descuidado Estadio Panamericano, construido para los Juegos Panamericanos de 1991, donde las estructuras *Sin título No. 17* y *Sin título No. 14* [pp. 79 y 81] habrían hecho compañía a la enorme imagen del Che Guevara declarando «Hasta la victoria siempre». A medida que la serie se desarrollaba, la especificidad del lugar resultaba menos importante, incluso menos deseable, lo que permitió que el significado de las fotografías fuera más generalizado y abstracto.

La serie *Memorias pendientes* —sorprendentemente original tanto en su concepción como en su realización— surge de forma natural a partir de los orígenes y de la obra anterior de Fernández. Nacido y criado en La Habana, hijo de dos arquitectos, estuvo siempre rodeado de libros de arquitectura y diseño, y de álbumes de fotografías que su padre había tomado durante su estancia en Ciudad de México mientras estudiaba diseño industrial: imágenes de arquitectura y de un lugar alejado de la realidad de la infancia de Adrián. Lo que aprendió de la parte técnica de la fotografía con la cámara Zenit que su padre había desechado fue en gran parte de forma autodidacta, aunque también gracias a la ayuda de un amigo de bachillerato más familiarizado con el revelado y la impresión de fotografías, a equipos y suministros que le regalaron para el cuarto oscuro, a los generosos consejos de fotógrafos comerciales de los que se hizo amigo, y mediante una gran cantidad de prueba y error. Cuando terminó el instituto, ya tenía un cuarto oscuro en su casa y la fotografía se había convertido en su pasión fuera de la escuela.

En la primera década de los años 2000, cuando Fernández cursaba el bachillerato en la Academia Nacional de Bellas Artes San Alejandro y luego en el Instituto Superior de Arte (ISA), la fotografía no figuraba entre las especialidades que allí se estudiaban. (Incluso hoy, la fotografía es solo un taller opcional en el ISA). La fotografía era su pasión, pero tanto en San Alejandro como en el ISA, Fernández era oficialmente un escultor y, en la actualidad, se dedica tanto a la escultura como a la fotografía. En un diálogo recurrente, los dibujos y las fotografías dan lugar a obras tridimensionales y estas, a su vez, inspiran una nueva serie de fotografías. A partir de las figuras de un campesino y de un obrero que aparecen en unos sellos postales cubanos de la década de 1960, que él fotografió y amplió considerablemente en la serie *Réquiem* [fig. 5] de 2014–2016, Fernández comenzó a realizar pequeñas esculturas en arcilla. Escaneadas e impresas en 3D en resina, esas pequeñas figuras pronto se convirtieron en maquetas en madera de balsa, que, a su vez, se transformaron en esculturas de acero corten, de un metro o más de altura, para una serie llamada *Monumento al hombre incompleto*. La manifestación máxima de la serie fue una escultura de acero de seis metros de altura colocada en el Malecón para la Bienal de La Habana de 2019 [fig. 6].

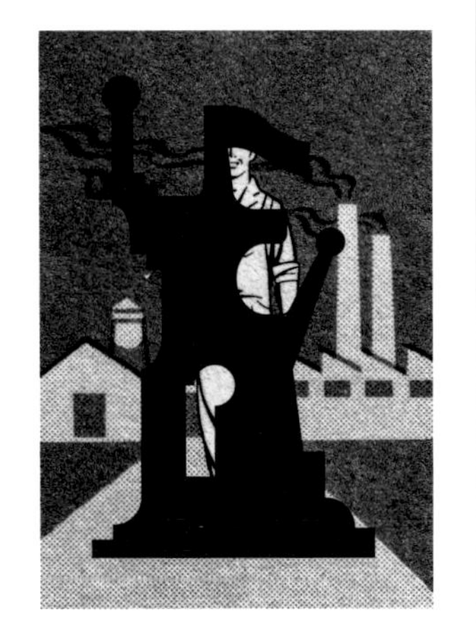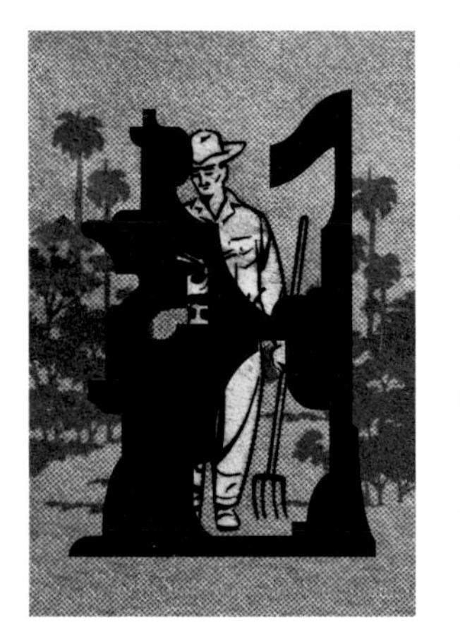

5 _ *Monumento al hombre incompleto No. 03* y *No. 08*,
de la serie *Réquiem*, 2015

6 _ *Monumento al hombre incompleto No. 06*, 2019
Foto: Adrián Fernández

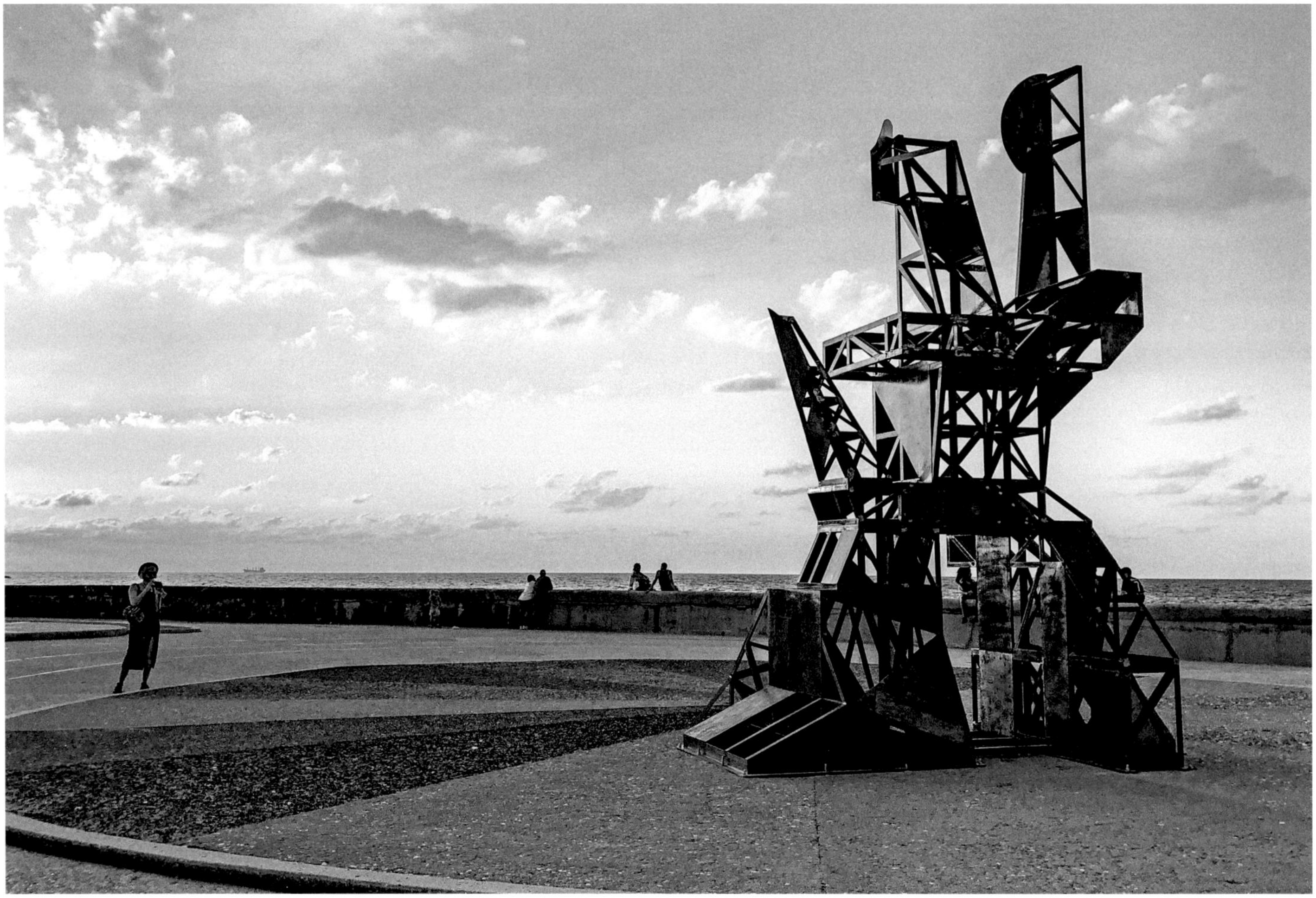

Mientras desarrollaba el *Monumento al hombre incompleto*, Fernández empezó a rebuscar en su archivo y a escanear viejos negativos, para redescubrir una serie de imágenes en blanco y negro de su primera época como fotógrafo. «Esta es de 2001, una de mis primeras fotografías» —dice mientras señala a la imagen de un trampolín en un centro deportivo de La Habana [fig. 7]. Aunque no estuviera en su mente cuando se embarcó en el proyecto escultórico, los fragmentos de arquitectura industrial que fascinaban al novel fotógrafo de diecisiete años siguieron resonando claramente en los ojos y la mente de este hombre de treinta y cuatro. En aquella época, las fotografías constituían un ejercicio formal, nos explica: «Pero ahora veo aquí toda una nueva narrativa, que es la que me lleva hacia la serie *Memorias pendientes*».

Entre aquellas primeras fotografías que encontró, hubo una que le motivó a imaginar qué tipo de escultura podría ser posible a través de la fotografía y su equivalente virtual. Mientras cursaba el segundo o tercer año en el ISA, aún fotografiando con película de 35 mm, Fernández se trasladó un día de Nochebuena a la ciudad de San Juan de los Remedios, donde se celebran las más famosas y fastuosas parrandas, fiesta en la que los barrios de San Salvador y El Carmen compiten cada año por presentar el vestuario, las carrozas, los fuegos artificiales y los gigantescos trabajos de plaza más vistosos, situados a ambos lados de la plaza. Miles de personas asisten a las parrandas que han sido fotografiadas por numerosos fotógrafos cubanos. Fernández, en cambio, fascinado por aquel entonces por las imágenes fragmentarias de la arquitectura industrial, había tomado, a la luz del día, una foto de la parte posterior de la estructura que sostiene los gigantescos trabajos de plaza [fig. 8]. Al descubrir en 2017 esa antigua fotografía mientras diseñaba sus esculturas de acero, pensó en las parrandas de Remedios como un posible tema para un nuevo proyecto fotográfico, imaginándolas vistas por detrás. La idea era atractiva, pero poco práctica: ¡se vería limitado a solo dos fotos al año! Así nació la idea de crear sus propias estructuras en un mundo virtual.

Este diálogo constante entre obras en dos y tres dimensiones, de la fotografía a la escultura y viceversa, sigue siendo fundamental para el proceso creativo del artista y para la forma en que desea que se vea su arte.

En su importante exposición de 2020 en el Centro de Arte Contemporáneo Wifredo Lam, en la que presentó *Memorias pendientes* por primera vez, Fernández organizó una secuencia en la que se mezclaban sus primeras fotografías en blanco y negro, fragmentos escultóricos de su *Monumento al hombre incompleto*, expuestos en «cajones de madera» de estructura abierta, y las mayores reproducciones que había realizado hasta entonces de la nueva serie [fig. 9]. De hecho, en este libro se presenta esa misma interacción.

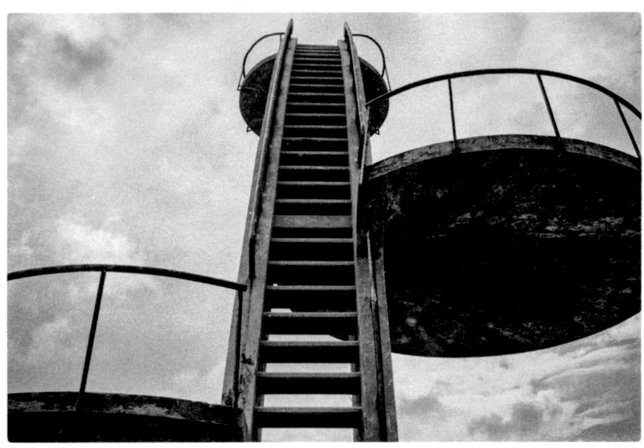

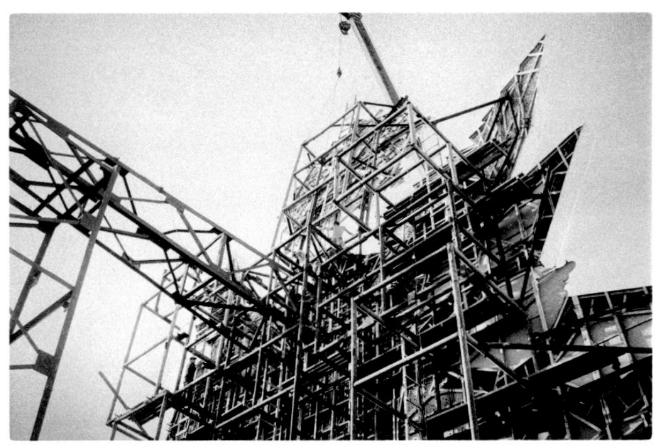

7 _ *Sin título No. 05*, de la serie *Expectativa*, 2001–2005
The Museum of Fine Arts, Houston, *promised gift* de Madeleine y Harvey Plonsker

8 _ *Sin título No. 58*, de la serie *Archivo*, 2001–2003

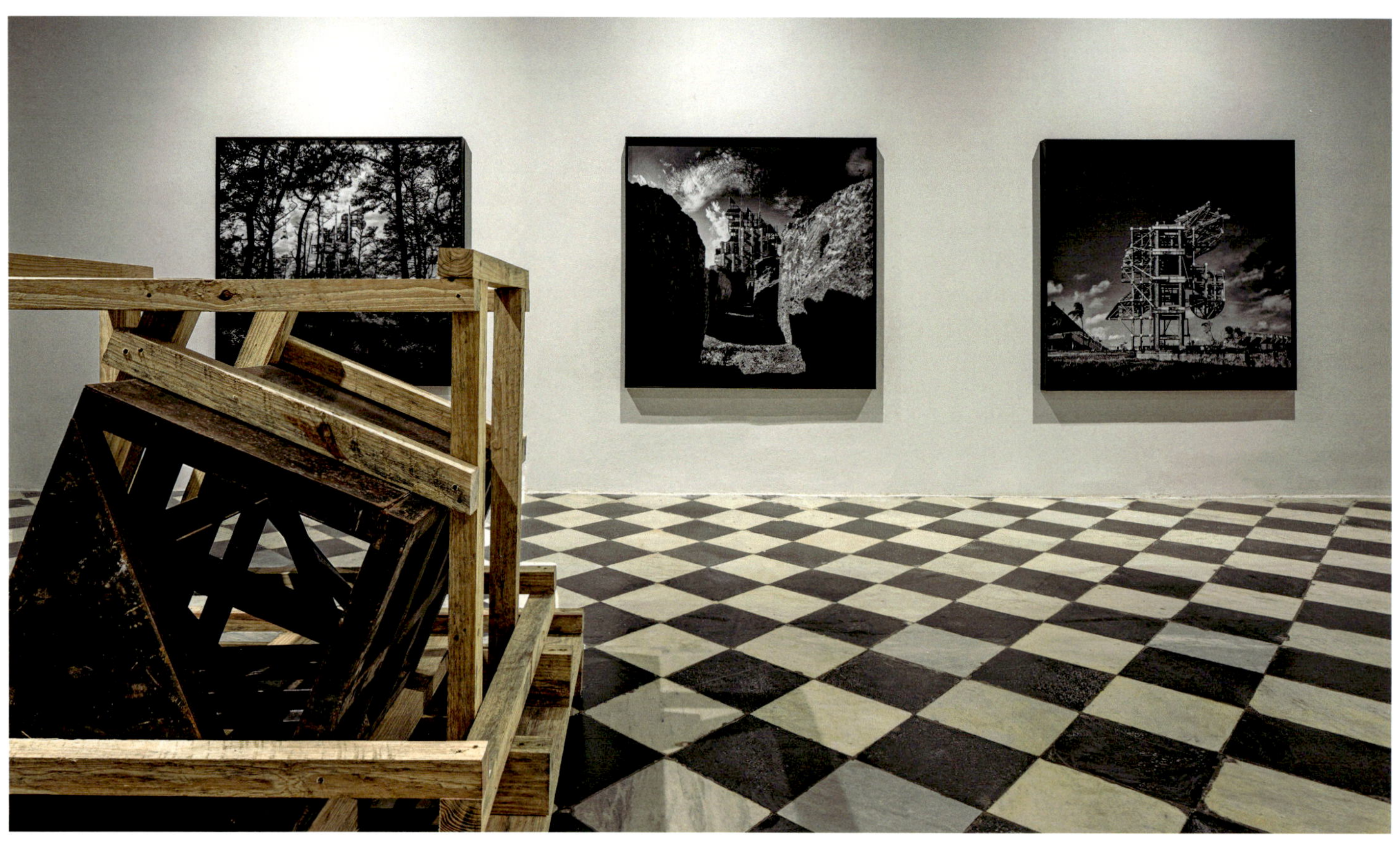

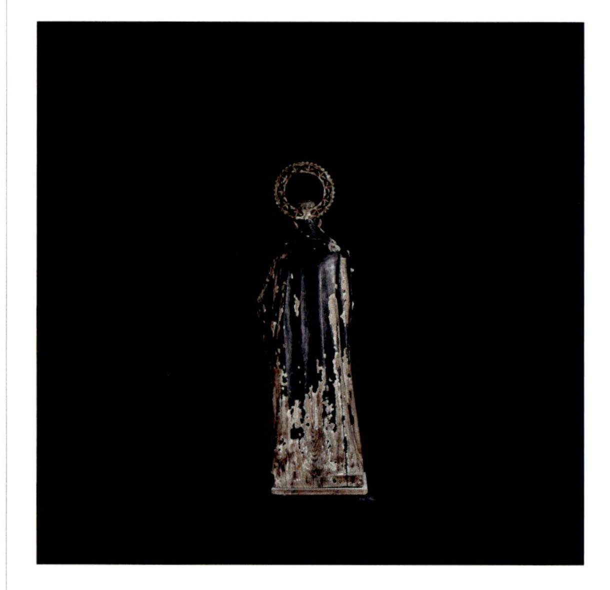

9 _ Vista de la exposición personal *Memorias pendientes*,
Centro de Arte Contemporáneo Wifredo Lam, La Habana,
Cuba, 2020
Foto: Adrián Fernández

10 _ *Sin título No. 23*, de la serie *El umbral de la incertidumbre II*, 2017

Fernández suele comenzar cada nueva serie antes de terminar la anterior, de modo que se produce una transición orgánica a medida que una serie se va desarrollando en la siguiente. En el caso de *Memorias pendientes*, las formas arquitectónicas fotografiadas son claramente producto de su obra escultórica, pero estas imágenes también siguen directamente los pasos de un conjunto de fotografías muy diferente. En el primer grupo de imágenes llamado *El umbral de la incertidumbre* (2016–2018), Fernández encontró imágenes religiosas que mostraban el desgaste provocado por el uso y la devoción prolongados, y fotografió sus rostros con una escasa profundidad de campo que les confirió una calidad humana y una sensación del paso del tiempo. A medida que la serie se desarrollaba, siguió una nueva estrategia: fotografiar pequeñas figuras devocionales... de espaldas [fig. 10]. Su descripción de esa decisión podría aplicarse igualmente a las fotos de *Memorias pendientes*: «Siempre he pensado que estas imágenes tratan de aquello que no se ve, de lo que puede existir al otro lado. Si la fe supera la posibilidad de la representación, entonces en estas fotografías la fe existe en la incertidumbre de lo que buscamos constantemente pero no podemos ver». La representación de sus estructuras ficticias de la serie *Memorias pendientes* desde la parte posterior fue una elección natural por las mismas razones, permitiendo a los espectadores imaginar la parte delantera según sus propias creencias e imaginación.

La serie *Memorias pendientes* comenzó en 2017 con dibujos en el estudio y largos paseos en auto por el campo buscando los lugares donde instalar sus estructuras imaginarias. Los dos aspectos se desarrollaron a la par, componiendo la forma plana del monumento imaginado y cómo encajaría en el paisaje [fig. 11]. «Cuando fotografiaba los lugares —nos dice—, tenía que pensar: ¿Dónde se va a instalar la estructura?, ¿va a estar aquí o allí o más lejos?, ¿dónde está el centro de atención?». A partir de ahí, cada imagen tomaba forma mediante un lento proceso de trabajo en equipo, ya que Fernández colaboró estrechamente con un arquitecto y un ingeniero que no solo eran conocedores de las exigencias de una construcción en la vida real, sino también expertos en el *software* CAD (diseño asistido por computadora) utilizado para llevar los diseños arquitectónicos desde su concepto hasta los planos y, lo que es más importante en este caso, hasta una representación realista del producto acabado. Tras encontrar colaboradores dispuestos a desarrollar todo el trabajo necesario para un proyecto constructivo real —solo para hacer una fotografía—, Fernández y sus compañeros procedieron en diálogo, avanzando paso a paso, desde la forma general hasta la estructura de soporte y la elección de los materiales, incluyendo detalles tan pequeños como las tuercas y los tornillos. Ese nivel de detalle era fundamental, porque Fernández ya había concebido las impresiones finales a una escala que las haría visible desde lejos, pero que seguirían siendo totalmente convincentes cuando alguien se acercara a examinarlas de cerca. Una vez terminada, la estructura renderizada por el *software* se colocaba en su entorno fotográfico, se posicionaba, se dimensionaba, se anclaba y se ajustaba la iluminación para que coincidiera con el ángulo y la intensidad de la luz solar en la fotografía. El resultado fue totalmente convincente. Sin esperar a la Nochebuena, Fernández había construido, casi en solitario, una estructura que, aunque se mostraba en el Malecón, podría haber ocupado fácilmente un espacio en la plaza de Remedios [fig. 12].

«La primera imagen surgida del proyecto nos dejó maravillados porque habíamos logrado integrar diferentes escenarios y medios en un resultado fotográfico coherente —recuerda Fernández—, pero a medida que íbamos desarrollando la serie, el primer resultado nos pareció horrible. Mientras avanzábamos —y hablo en plural porque todos estábamos aprendiendo—, comenzábamos a entender la manera en que detalles sutiles otorgaban un mayor nivel de realismo. Que una parte de la imagen estuviera desenfocada o fuera demasiado oscura, a veces eran los elementos que hacían que el espectador dijera: "A ver, esto ya es creíble"». De hecho, la obra *Sin título No. 01* pasó por tres versiones «terminadas» antes de llegar a su forma final. Lo más importante es que Fernández se dio cuenta de que para que su fotografía tuviera significado, para que simbolizara algo de la sociedad cubana actual, para que mirara desde el presente a los ideales del pasado, necesitaba añadir el elemento del tiempo.

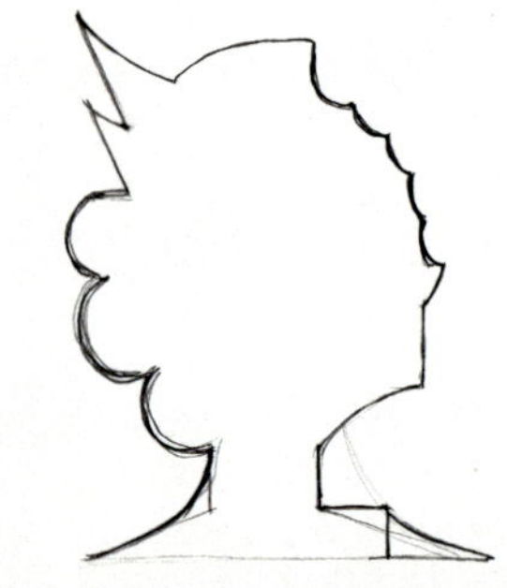

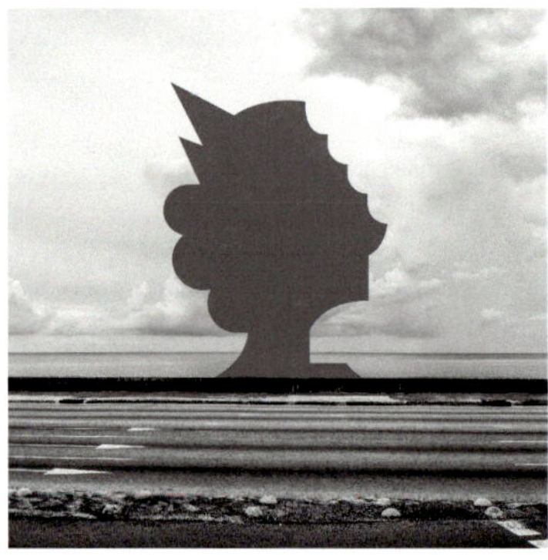

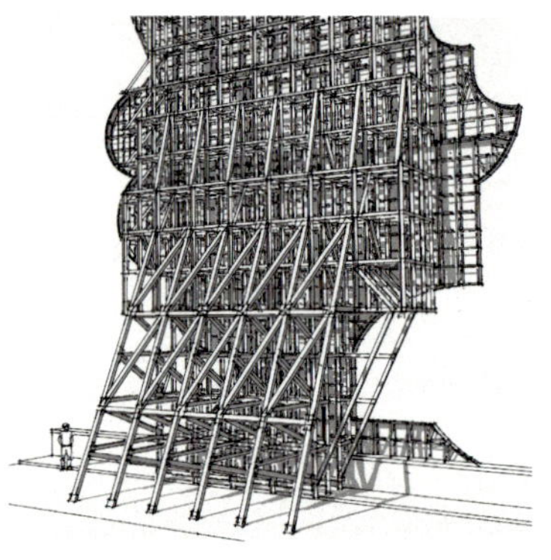

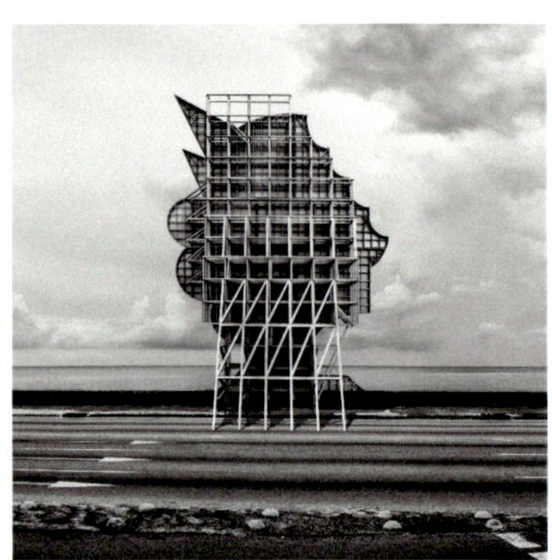

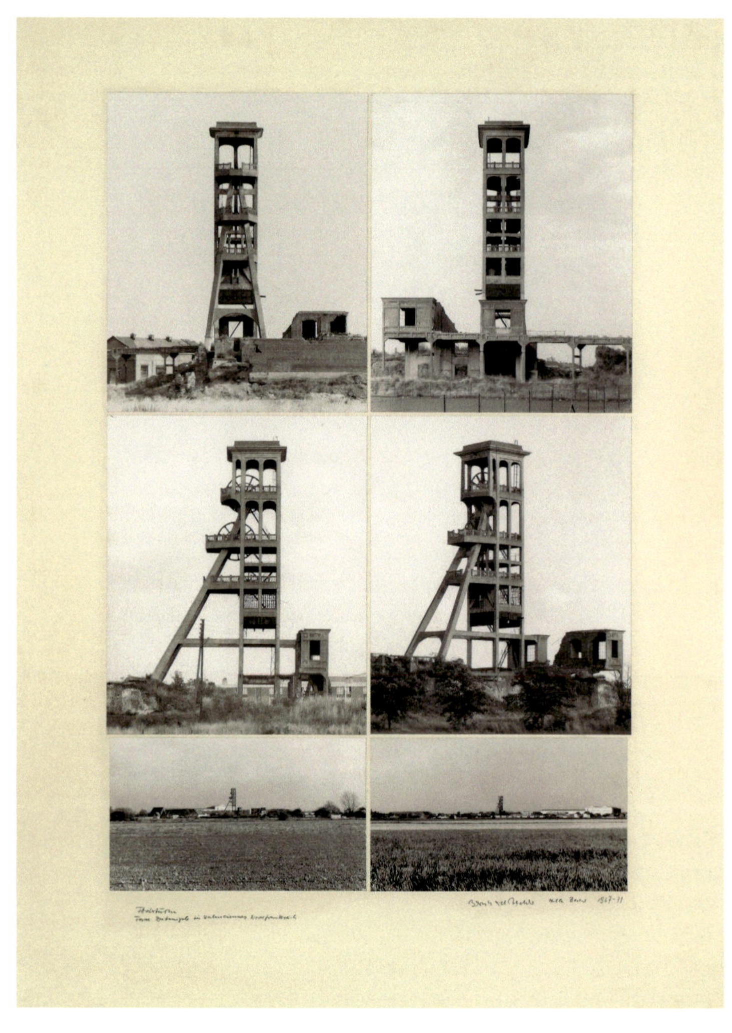

11 _ Proceso de trabajo

12 _ *Sin título No. 01* (primera versión), de la serie *Memorias pendientes*, 2018–2020

13 _ Bernd Becher (Alemania, 1931–2007) e Hilla Becher (Alemania, 1934–2015), *Fosse Dutemple bei Valenciennes, Nordfrankreich* [Mina Dutemple en Valenciennes, norte de Francia], 1967, de la serie *Fördertürme* [Torres de pozo]. Plata sobre gelatina, 101,3 x 73,3 cm. The Museum of Fine Arts, Houston, donación de Manfred Heiting, The Manfred Heiting Collection (2002.635)
© Estate Bernd & Hilla Becher, representado por Max Becher

El *software* CAD utilizado en arquitectura está diseñado para producir los documentos necesarios para la construcción y para mostrar al arquitecto y al cliente el aspecto que tendrá una obra el día en que se corte la cinta: limpia, hermosa, con un perfecto acabado, lista para su inauguración. Pero el *software* también tiene la capacidad de entender y representar las características y la vida útil de los materiales utilizados, aunque es poco probable que un cliente le pida al arquitecto que le muestre cómo envejecerá un edificio a lo largo de medio siglo o más. Esto fue lo que Fernández le pidió a su equipo que visualizara. «Digamos que esto lleva ahí sesenta años —nos explica—. ¿Qué ha pasado en esos sesenta años? ¿Cómo se comporta el material en sesenta años? En ese sitio, en la costa, pegado al mar, probablemente haya soportado, digamos, cinco huracanes durante ese tiempo. Entonces, ¿qué ocurre?». El acero se ha oxidado, el hormigón está manchado y ligeramente agrietado, los paneles de madera de la fachada se han podrido o han salido volando. ¡Ya empieza a parecerse a las escaleras descubiertas del Edificio Girón!

Al imaginar el aspecto final de *Memorias pendientes*, Fernández cita la obra de los fotógrafos alemanes Bernd e Hilla Becher [fig. 13] como la referencia más directa, y son evidentes algunos aspectos de su enfoque directo y aparentemente objetivo: el sujeto industrial envejecido, la elección del blanco y negro, la vista frontal. Pero para los Becher, la luz difusa y el cielo en blanco de un día nublado eran idóneos para presentar a sus sujetos de la manera más neutral posible. Fernández, en cambio, utiliza todas las herramientas disponibles para manipular nuestra aceptación de la imagen y nuestra respuesta emocional e intelectual a ella. Por ejemplo, en lugar de desaturar las nubes apenas perceptibles en *Sin título No. 01* para conseguir el cielo en blanco de los Becher, Fernández acentúa el contraste para que se perciba el efecto del clima a lo largo de sesenta años. La mayoría de las imágenes de *Memorias pendientes* presentan cielos igualmente cargados de nubes —incluso de tormenta— que sustituyen la objetividad de la obra de los Becher por una visión más romántica de la naturaleza y su relación con las obras del hombre.

A lo largo del proceso, Fernández siempre tuvo presente ante todo el producto final —la fotografía—, valiéndose de la historia de la fotografía, del lenguaje del medio, del linaje de las imágenes, para reforzar nuestra credibilidad en la ficción creada en la computadora. «Aquí no se da nada por sentado —dice—. La elección del blanco y negro, el desenfoque en la profundidad de campo, el difuminado en los bordes, la textura granulosa, el formato cuadrado que hace pensar en la película fotográfica de formato medio: todo ello son decisiones conscientes para crear efectos que provoquen una referencia visual a la fotografía documental. Todo eso forma parte de la obra que creo para que el espectador se crea la realidad de lo que presento en mis fotografías. Es la forma en la que provoco preguntas como: ¿está realmente ahí?, ¿para qué se hizo?, ¿cuál era su mensaje? y ¿dónde se encuentra que no lo he visto antes?».

Por último, después de todas nuestras conversaciones, Fernández me embarca en un último viaje por carretera, haciéndome jurar que no diré adónde, pero prometiendo que valdrá la pena. Solo diré que el viaje dura varias horas desde La Habana, y que el paisaje está densamente poblado de vegetación tropical, pero no de gente. Siguiendo sus indicaciones, nos detenemos a un lado de la carretera en el lugar designado, aparentemente en ningún lugar especial, cuando encuentro un camino cubierto de maleza que se adentra en el bosque húmedo, exuberante de helechos y plantas con flores, bajo un dosel de majestuosos árboles. Me abro paso entre la maleza y, poco a poco, vislumbro una imponente construcción, y la incredulidad se apodera de mí. Años de abandono y vegetación han envuelto la estructura y sus alrededores, dando pocos indicios de por qué se construyó algo tan imponente en este lugar, aparentemente tan alejado de todo aquel que pudiera verla. Como tantas otras estructuras en las fotografías de Fernández, desde atrás parece estar en un estado medio ruinoso, pero los paneles frontales parecen estar en su sitio y siento como una esperanza de que su mensaje de otros tiempos aún pueda interpretarse. Me río, imaginándome el heroico explorador-arqueólogo de un filme épico, mientras me abro paso hacia el otro lado de la estructura. Por fin, me doy vuelta, miro hacia arriba y veo…

ADRIÁN FERNÁNDEZ'S TEN-STORY TALL METAPHORS

—

MALCOLM DANIEL

We have now ridden the seven-kilometer length of the Malecón twice, from the Castillo de San Salvador de La Punta at the east end to the Almendares river at the west, and still have not seen the grand and fanciful—if somewhat dilapidated—propaganda billboard depicted in Adrián Fernández's *Untitled No. 01* [p. 49]. Is it possible that our attention was so drawn to the sights on the city side of the roadway, rather than the sea side, that we have passed right by this 25-meter tall structure rising from the sea wall without noticing it? Twice? Or is it just our luck that this aging relic of the Revolution was dismantled just before our arrival? I tell myself that it's OK, since even finding it still standing along the Malecón would fail to answer the biggest question I have when looking at Fernández's photograph—what's on the front side, what was the message facing the outside world?

I am on the hunt for the Cuban counterparts of the towering abstract *spomeniks* that dot the open landscape of the former Yugoslavia [fig. 1]. Commissioned under President Tito in the 1960s and 1970s, those thousands of monuments memorialized that country's World War II battles against the Axis powers and celebrated the establishment of a professed classless, utopian, socialist republic not unlike Cuba. To judge by Adrián Fernández's photographs, the Cuban struc-

tures are generally in a sad condition, like so many *spomeniks* that have become victims of vandalism or neglect [fig. 2].

Not to be disappointed, we head further east, this time with map in hand, traveling along the Via Monumental, past Cojímar and then along the Via Blanca, ignoring the siren song of the sandy beaches and clear waters of the north shore, into more open country, heading along the route to Matanzas. And finally we arrive at our destination, the spot along the road where our notes indicate that we should see another of these magnificent steel structures (*Untitled No. 03*)—this one even taller, anchored to concrete blocks and cantilevered from the edge of the road hovering over the lush Yumurí Valley and the tree-covered hills as far as the eye can see [p. 53]. At the nearby Mirador de Bacunayagua (famed for its piña coladas), it becomes clear that Fernández is far from the first to photograph the view from Cuba's highest bridge, the Bacunayagua, spanning the valley at a height of 110 meters. The observation deck appears to be an obligatory stop and photo op for anyone traveling this route. But again, we come up empty, finding no evidence of a structure that must once have rivaled the engineering of the bridge itself and that perhaps celebrated it as a supreme achievement of Cuban civil engineering in the late 1950s. The proprietor of the restaurant seems mystified when shown my copy of Fernández's photograph, unsure whether we are pulling his leg or seriously confused, ourselves.

———

In truth, it is all a fiction. Yes, the road, the sea wall, the water and sky, the view from the Bacunayagua bridge—all of that is real and photographed by Fernández, but the structures depicted in his series *Memorias pendientes* [Pending Memories] are not. Inspired by industrial ruins, unfinished construction projects, propaganda billboards, and above all, the giant illuminated Christmas decorations in the town of Remedios, Fernández worked with structural engineers, architects, and computer specialists to construct—digitally—the beams and bolts and stairs and struts that would be required to actually build them. Every girder, cable, and rivet has been built only in the artist's computer, an architect's virtual rendering of something that *could* be built but never was. And then—in a move that no architect would show a client—Fernández asked his software to artificially age the materials, to show how the metal, wood, and concrete would decay over time. Finally, he layered that virtual image of a structure built and ruined in the computer onto his photograph of the chosen site.

Since they exist only in a make-believe world, Fernández could have built his fictions anywhere. Of all the spots along the Malecón that he could have chosen for *Untitled No. 01*, he stood at the foot of the Edificio Girón, a 17-story Brutalist apartment block, built in 1967 to house workers of the Girón Bus plant [fig. 3]. Revolutionary in its design and method of construction (slip formed concrete), the Girón was equally an expression of the Revolution's social ambitions, placing workers' housing in the toney Vedado neighborhood on a prime spot with sea views that would make a capitalist real estate developer weep. Its two modernist apartment blocks towered over the neighborhood's affluent villas and grand hotels, proclaiming both a new architectural aesthetic and a new social order. And, apart from blocking those enviable sea

views, it is easy to imagine an actual structure like that in *Untitled No. 01* placed right in front of the Girón, facing north like a challenge to the U.S. or a greeting to anyone arriving in Havana by sea. Although we aren't shown that sea-facing front of this giant billboard, we can imagine a declaration even more explicit than that offered by the architecture of the Edificio Girón.

Significantly, in Fernández's *Memorias pendientes* views, the structures are never shown as we imagine they were meant to be seen by the public. Instead, we view them from behind, like inhabitants of a Potemkin village, and see only the elaborate skeletal structure, now rusting and rotting, that once held up the bold image that we are left to guess at. It's a perfect expression of the perspective of an artist who came of age during the Special Period, schooled on the grand ambitions of the Revolution, but young enough and worldly enough to recognize the precarious shell of that ambition that remains in today's Cuba. If Fernández's first image of the series was intended as a metaphor for the crumbling state of the Revolution's utopian vision, he need only have looked behind him to find the corresponding reality and to see precisely how fifty years of rain, salt air, and neglect would take its toll. Although still inhabited, the Girón today resembles a post-apocalyptic bunker, corroded by salt, with crumbling concrete and rusting rebar [fig. 4]. Perhaps metaphor is more engaging and persuasive than documentation, or more acceptable.

In the earliest of the *Memorias pendientes* photographs, Fernández purports to have documented astonishing, now lost structures erected in the post-Revolutionary period at recognizable locations or key spots touting the achievements and ambitions of the nation: the Malecón; the Bacunayagua bridge; the thermoelectric plant at Santa Cruz del Norte (*Untitled No. 09*, [p. 66]); the bold but somewhat neglected Estadio Panamericano, built for the 1991 games, where the structures in *Untitled No. 17* and *Untitled No. 14* [pp. 79 & 81] would have held company with the huge image of Che Guevara declaring "hasta la victoria siempre"[ever onward to victory]. As the series developed, that specificity of location proved less important, even less desirable, allowing the meaning of the photographs to become more generalized and abstract.

Startlingly original in both conception and realization, the *Memorias pendientes* series nonetheless grows naturally from Fernández's background and previous work. He was born and raised in Havana, the son of two architects, surrounded by books on architecture and design and albums of travel photographs his father had taken while studying industrial design in Mexico City—pictures of architecture and of a place far from Adrián's childhood reality. What he learned of the technical side of photography as he took up his father's abandoned Zenit camera, was largely self-taught, with the help of a high school friend more familiar with developing and printing photographs, hand-me-down darkroom equipment and supplies, the generous advice of commercial photographers he befriended, and a lot of trial and error. By the end of high school, he had a functioning darkroom at home and photography was his after-school passion.

In the first decade of the 2000s, when Fernández attended high school at the Academia Nacional de Bellas Artes San Alejandro [San Alejandro Academy of Fine Arts] and university at the Instituto Superior de Arte [Higher Institute of Art, or ISA], photography was not an approved area of specialization. (Even today, photography is only an optional workshop at ISA.) Photography may have been his passion, but at both San Alejandro and ISA, Fernández was officially a sculptor. To this day, he is as active a sculptor as he is a photographer. In a recurring dialogue, drawings and photographs lead to three-dimensional works, and those, in turn, inspire a new series of photographs. Based on the figures of a farmer and a worker on Cuban postage stamps from the 1960s that he photographed and greatly enlarged in the 2014–16 series *Réquiem* [fig. 5], Fernández began to make small sculptures in clay. Scanned and 3D-printed in resin, those small figures soon developed into balsa-wood maquettes, and those, in turn, grew to corten steel sculptures a meter or more high in a series called *Monumento al hombre incompleto* [Monument to the Incomplete Man]. The series' ultimate manifestation was a six-meter tall steel sculpture placed along the Malecón for the 2019 Biennal [fig. 6].

As he was developing the *Monumento al hombre incompleto*, Fernández began to dig into his archive and scan old negatives, rediscovering a series of black-and-white images from his earliest years. "This is from 2001—literally one of my first photographs," he says, pointing to an image of the diving platform at one of Havana's sport centers [fig. 7]. Although not in his mind as he embarked on the sculptural project, the fragments of industrial architecture that fascinated the 17-year-old novice photographer clearly remained resonant in the eye and mind of the 34-year-old. At the time, the photographs were a formal exercise, he explains, "but now I see a whole new narrative here, which is the one that leads me towards the *Memorias pendientes* series."

Among the early photographs he rediscovered was one that prompted Fernández to imagine what kind of sculpture might be possible through the medium of photography and its virtual counterpart. In his second or third year at ISA, still shooting 35mm film, Fernández made the Christmas-eve pilgrimage to the town of San Juan de los Remedios, where the most famous and elaborate parranda, or street festival, pits the neighborhoods of El Carmen and San Salvador in annual competition for the most elaborate costumes, floats, fireworks, and enormous illuminated constructions on opposite sides of the town square. Thousands attend, and the nighttime festivities have been photographed by many a Cuban photographer. Still fascinated at the time by fragmentary shots of industrial architecture, Fernández, by contrast, had taken a rear view of the giant decorations' supporting structure in daylight [fig. 8]. Coming upon this early photograph while designing his steel sculptures in 2017, he thought of the *parrandas* of Remedios as a possible subject for a new photographic project—already imagining them pictured straight-on and from behind. The idea was enticing but impractical—it would limit him to just two pictures a year! Thus was born the idea of creating his own structures in a virtual world.

This constant dialogue between works in two and three dimensions, from photography to sculpture and back again, remains critical to the artist's creative process and to the way he wishes his art to be seen.

In his major exhibition in 2020 at the Centro de Arte Contemporáneo Wifredo Lam, where his *Memorias pendientes* made their debut, Fernández orchestrated a sequence that blended his early black-and-white photographs, sculptural fragments of his *Monumento al hombre incompleto* displayed in open framework "slat crates," and the largest prints he had yet made of the new series [fig. 9]. Indeed, that same interplay is presented in this book.

Fernández typically begins each new series before finishing the last so that there is an organic transition as one series grows into the next. In the case of *Memorias pendientes*, the architectural forms pictured are clearly an outgrowth of his sculptural work, but these images also followed directly on the heels of a quite different set of photographs. In the first group of pictures called *El umbral de la incertidumbre* [The Threshold of Uncertainty] (2016–18), Fernández found religious sculptures that exhibited the wear and tear of extended use and devotion, and he photographed their faces with a shallow depth of field that imbued them with a human quality and a sense of the passage of time. As the series developed, he followed a new strategy: photographing small devotional figurines—from the back [fig. 10]. His description of that decision might equally apply to the *Memorias pendientes* pictures: "I've always thought that these images are about that which you don't see—what might be present on the other side. If faith surpasses the possibility of representation, then in these photographs faith exists in the uncertainty of what we are constantly seeking but can't see." To depict his fictive structures in the *Memorias pendientes* series from the back side was a natural choice for the same reason, allowing viewers to imagine the front according to their own beliefs and imagination.

The *Memorias pendientes* series began in 2017 with drawings in the studio and long drives in the countryside scouting locations for his imaginary structures. The two aspects developed hand-in-hand—composing the flat shape of the imagined monument and how it would fit in the landscape [fig. 11]. "By the time I photographed the locations," he says, "I had to think: Where is the structure going

to be installed? Is it going to be here or there or further away? Where is the focus?" From that point on, each picture took form through a slow process of teamwork, as Fernández collaborated closely with an architect and an engineer who were not only knowledgeable about the demands of real-world construction, but also adept at the CAD (computer aided design) software used to take architectural designs from concept to blueprints and, most importantly here, to a realistic rendering of the finished product. Once he found partners willing to put in all the work required for a real construction project—just to make a photograph—Fernández and his teammates proceeded in dialogue, moving step by step from the overall shape to the supporting structure and choice of materials, down to details as tiny as the nuts and bolts. That level of detail was critical, because Fernández already envisioned the final prints at a scale that would be visible from afar but that would remain fully convincing as one approached and examined them closely. Once complete, the software-rendered structure was placed in its photographic setting, positioned, sized, anchored, and the lighting adjusted to match the angle and intensity of sunlight in the photograph. The result was utterly convincing. Without waiting for Christmas Eve, Fernández had almost single-handedly built a structure that, although shown on the Malecón, could just as easily have taken its place on the plaza in Remedios [fig. 12].

"The first image that came out in the project blew our minds because we had managed to integrate different stages and media in a coherent photographic result," Fernández recalls. "But as we continued to develop the series, the first result looked awful by contrast. As we went—and I'm speaking plural because we were all learning—we started to understand the way very subtle details gave higher levels of realism. One part of the image being out of focus or too dark, sometimes these were the very elements that made the spectator say, 'ok, I can believe this.'" In fact, *Untitled No. 01* went through three "finished" versions to arrive at its final form. Most importantly, Fernández realized that for his photograph to have meaning, to symbolize something about today's

Cuban society, to look from the present to the ideals of the past, he needed to add the element of time. Architectural CAD software is designed to produce the documents necessary for construction and to show the architect and client how a building will look on the day the ribbon is cut—clean, beautiful, perfectly crafted, ready for its debut. But the software also has the capacity to understand and render the characteristics and lifespan of the specified materials, though it's doubtful that clients often ask for an architect's rendering of how a proposed building will age over the course of a half-century or more. This is what Fernández next asked his team to visualize. "Let's say this has been there for sixty years," he posited. "What has happened in sixty years? How does the material behave in sixty years? In that location, which is on the coast, right next to the sea, it has probably had, let's say, five hurricanes in between. So what happens?" Steel has rusted, concrete is stained and slightly crumbled, wood panels from the front have rotted or been blown away. It begins to look like the open staircases of the Edificio Girón!

In imagining the final appearance of the *Memorias pendientes*, Fernández cites the work of German photographers Bernd and Hilla Becher [fig. 13] as the most direct influence, and aspects of their straightforward, seemingly objective approach are evident: the aging industrial subject, the choice of black-and-white, the frontal view. But for the Bechers, the diffused light and blank sky of an overcast day were ideal for presenting their subjects in the most neutral manner possible. Fernández, on the other hand, uses all of the available tools to manipulate our belief in the image and our emotional and intellectual response to it. Rather than desaturating the barely noticeable clouds in *Untitled No. 01*, for example, to achieve the Bechers' blank sky, he pumped up the contrast so that one senses the weather that has taken its toll over sixty years. Most of the *Memorias pendientes* images feature similarly cloud-laden—even stormy—skies that replace the objectivity of the Bechers' work with a more Romantic vision of nature and its relationship to the works of man.

Throughout the process, Fernández always kept the end product—the photograph—foremost in mind, exploiting the history of photography, the language of the medium, the pedigree of imagery, to reinforce our belief in the fiction created in his computer. "Nothing here is taken for granted," he says. "The choice of black-and-white, the loss of focus in the depth of field, the lens fade on the edges, the grainy texture, the square format that makes you think of medium-format film—all of these are conscious decisions to create effects that trigger a visual reference to documentary photography. This is all part of the construct I create so the spectator will believe the reality of what I'm presenting in my photographs. It's how I prompt questions like: Is it really there? What was it for? What was its message? and Where is it located, and why have I never seen it before?"

———

Finally, after all our discussions, Fernández sends me on one final road trip, swearing me to secrecy regarding where, but promising that it will be worth it. I will simply say that the drive is several hours out of Havana, where the landscape is dense with tropical foliage but not with people. As instructed, we pull off the side of the road at the appointed spot, seemingly nowhere special, and I find an overgrown pathway into the moist forest, lush with ferns and flowering plants, under a canopy of majestic trees. Pushing my way through the underbrush, I gradually catch sight of a towering construction, disbelief taking hold. Years of neglect and forest growth have enveloped the structure and its surroundings, offering little suggestion as to why something so grand was ever built here, seemingly so far from anyone who might see it. Like so many others in Fernández's photographs, it looks from the back to be in a half-ruined state, but enough of the front panels appear to be in place that I feel a rush of hope that its message from another time may still be readable. I chuckle, fancying myself the heroic explorer-archaeologist in an epic film as I push my way to the far side of structure. At last, I turn around, look up, and see...

ARCHIVO

ARCHIVE

SERIE

35mm B/N
IMPRESIÓN INKJET CON TINTA DE PIGMENTO
2001 — 2003
35mm B&W
INKJET PRINT WITH ARCHIVAL PIGMENT INK

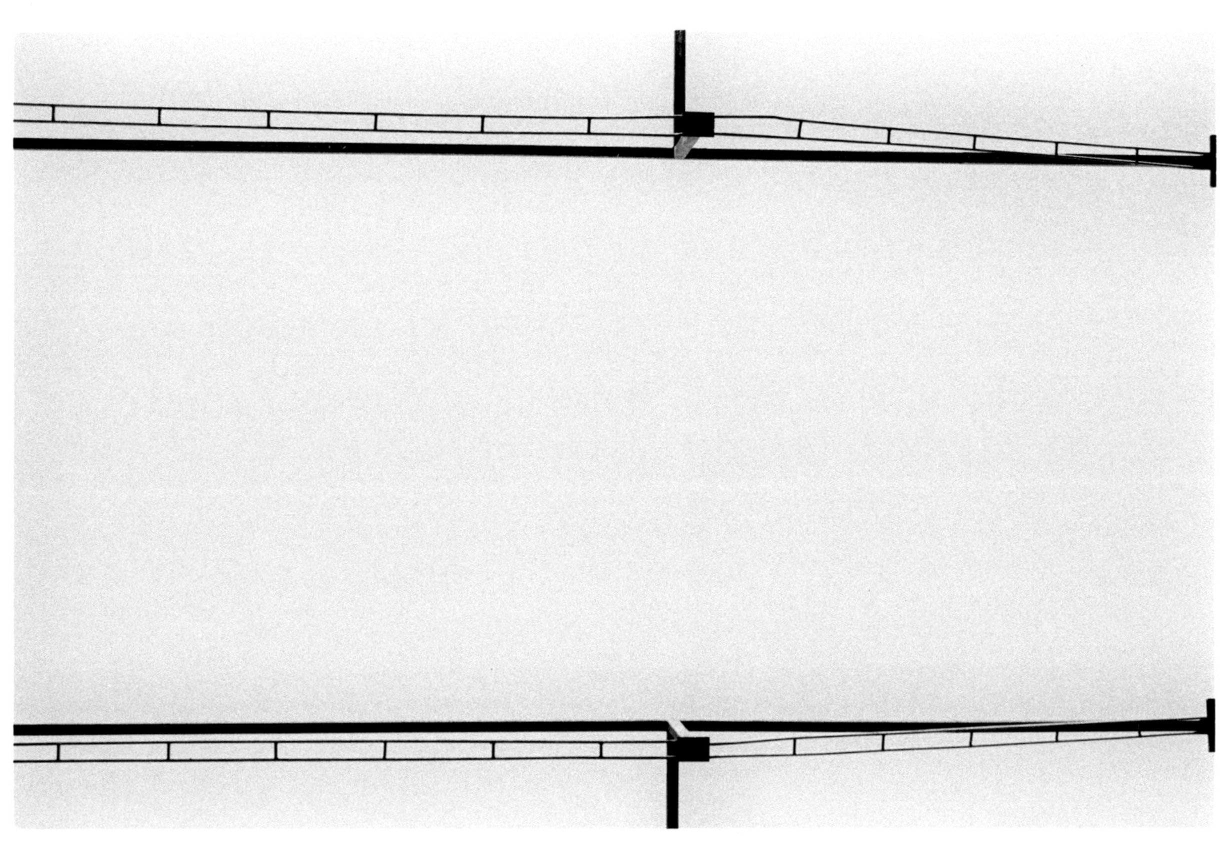

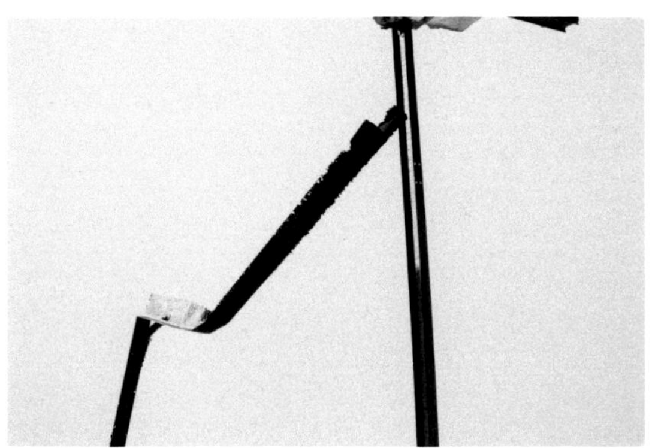
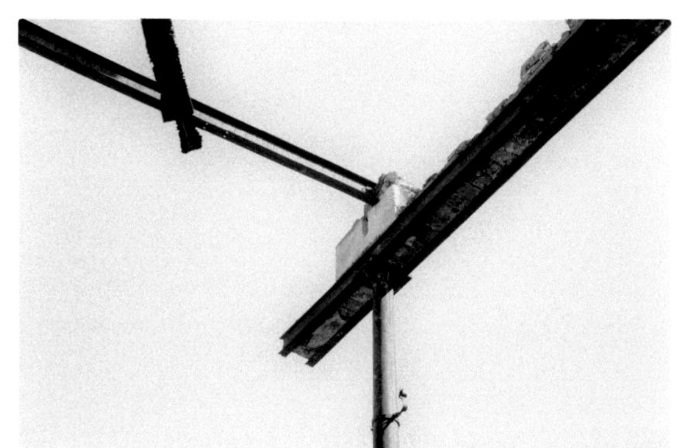
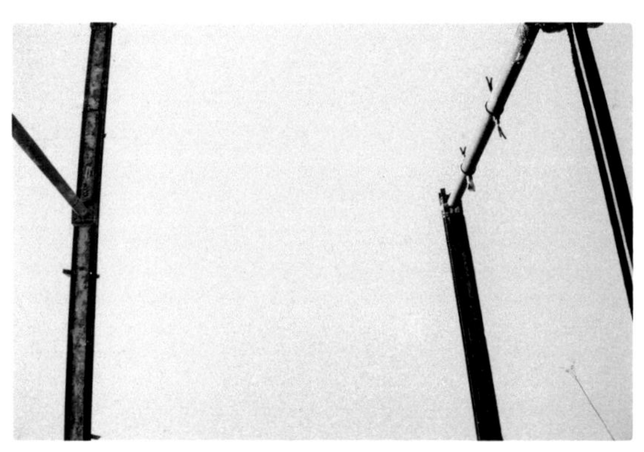
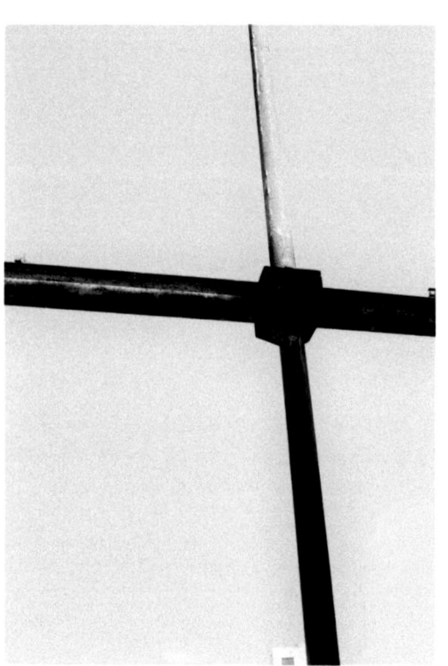

ARCHIVO — SIN TÍTULO No. 12, No. 11, No. 08, No. 07 | No. 04, No. 10, No. 05, No. 15

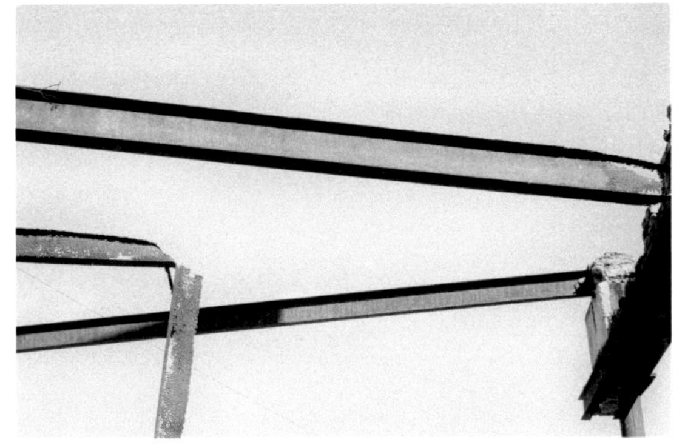
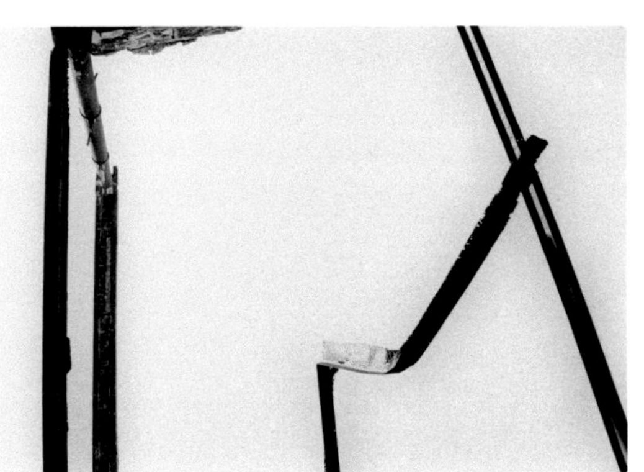
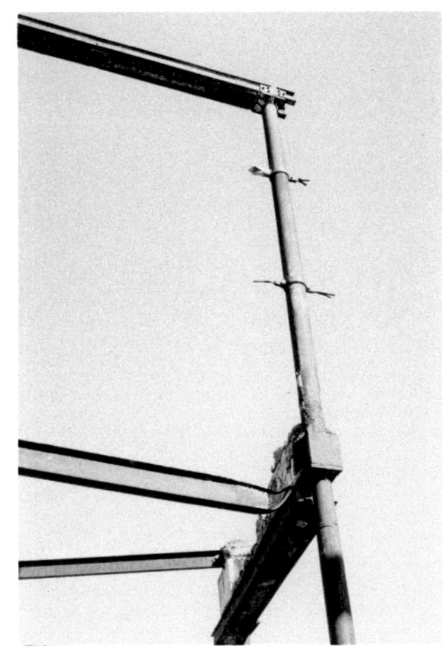
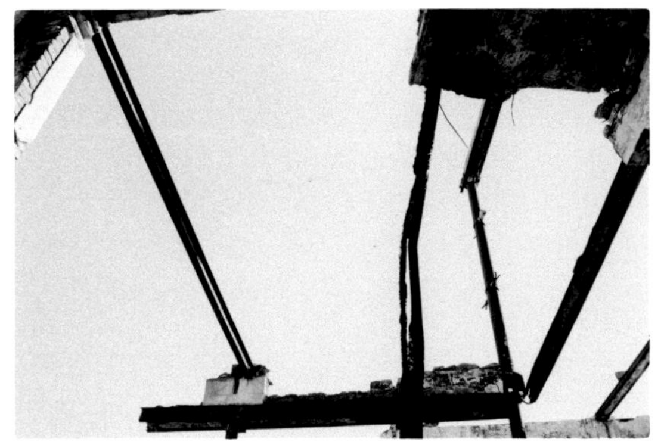

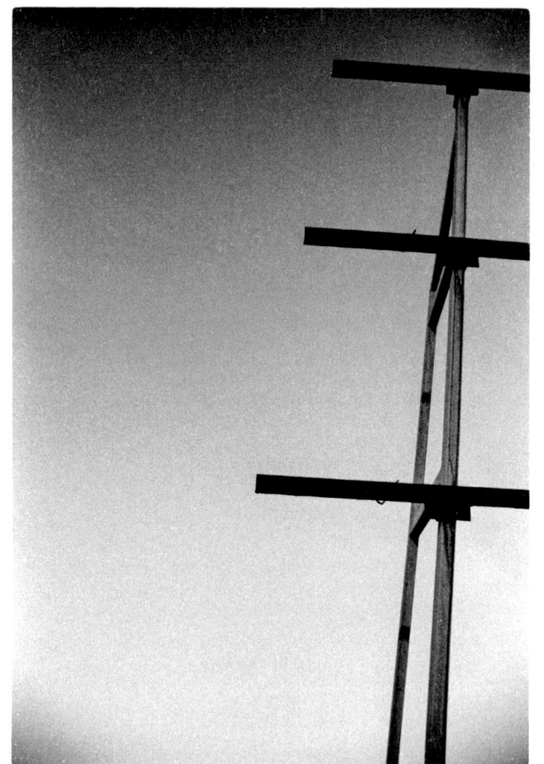

ARCHIVO — SIN TÍTULO No. 44, No. 45 | No. 49, No. 48

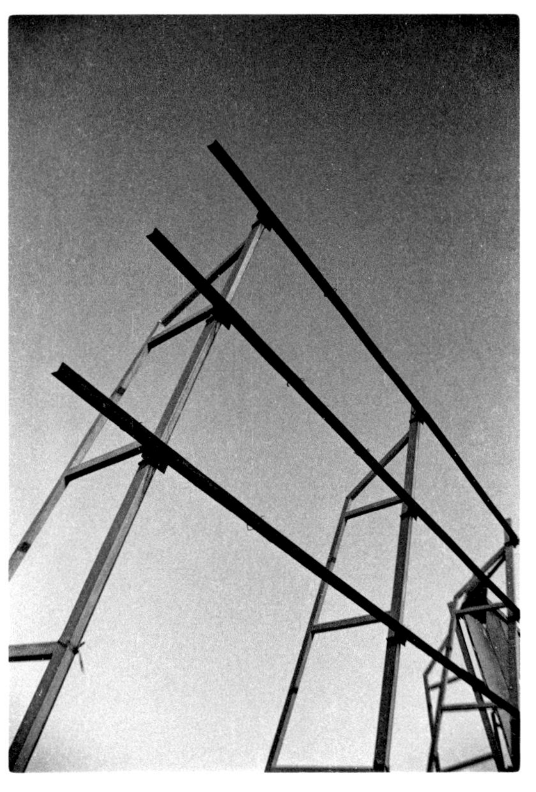 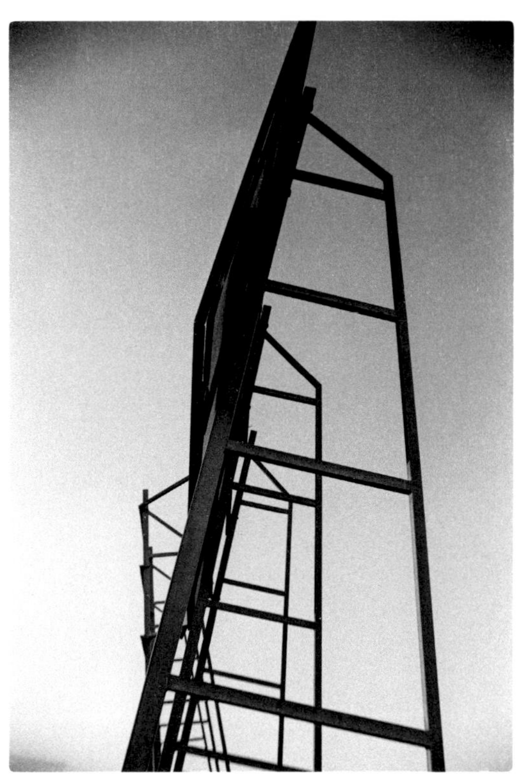

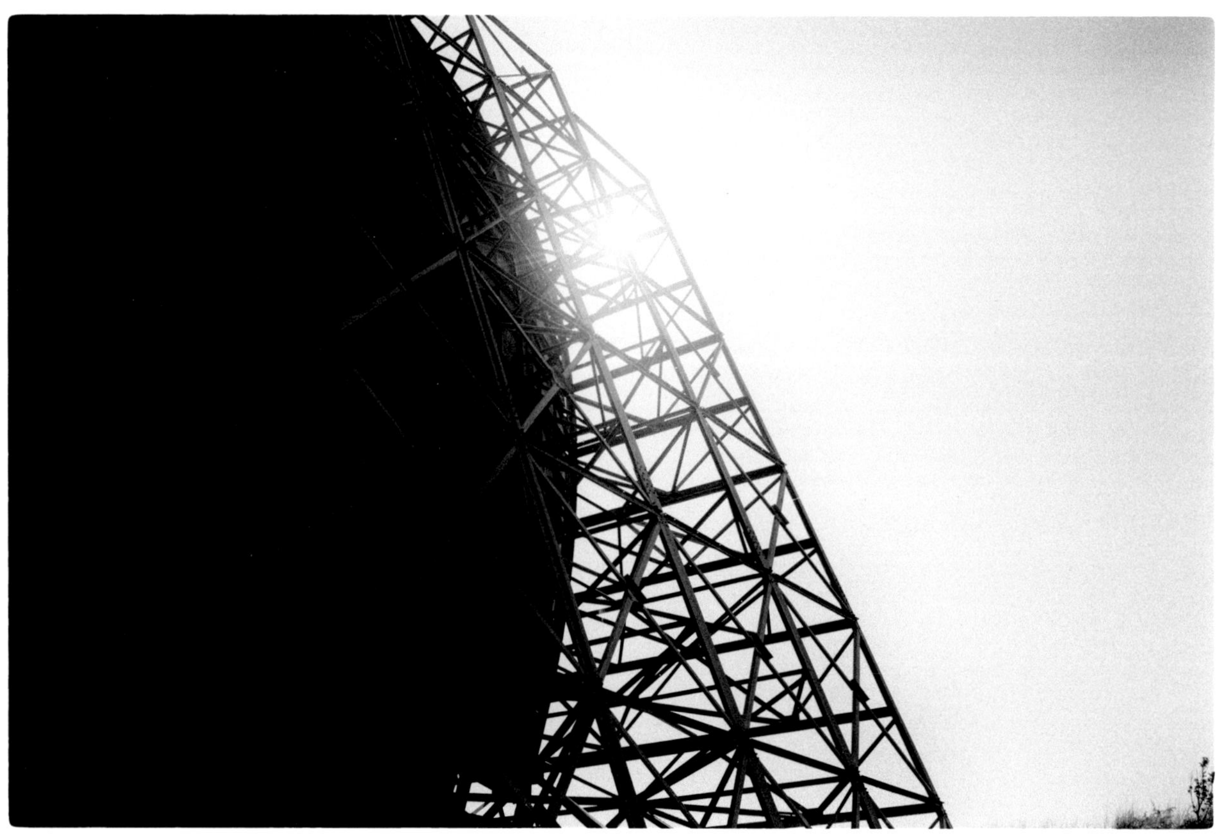

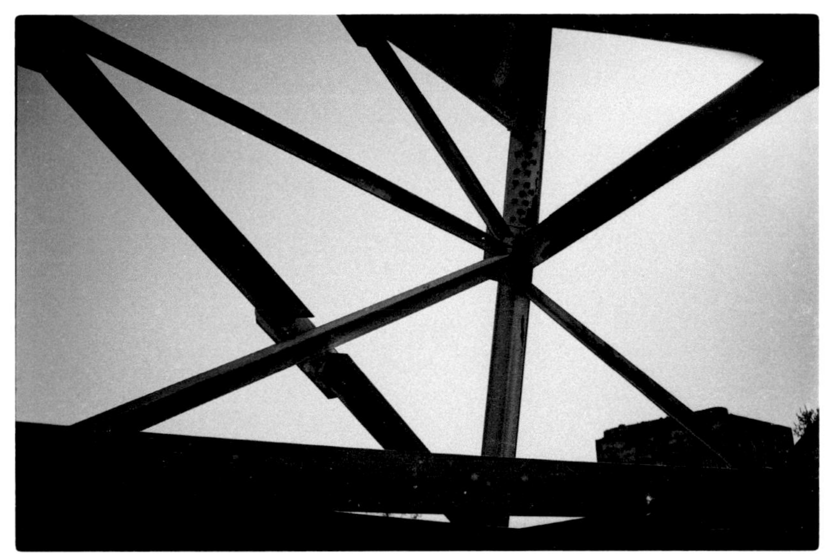

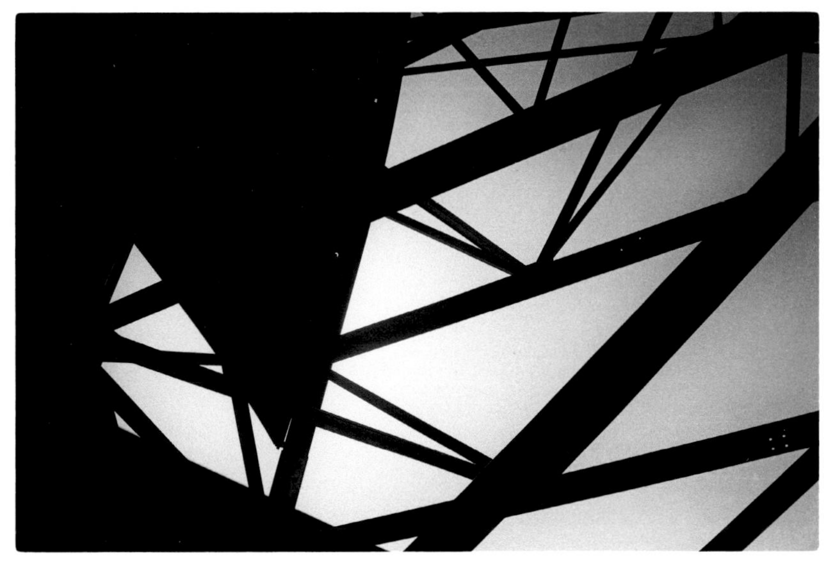

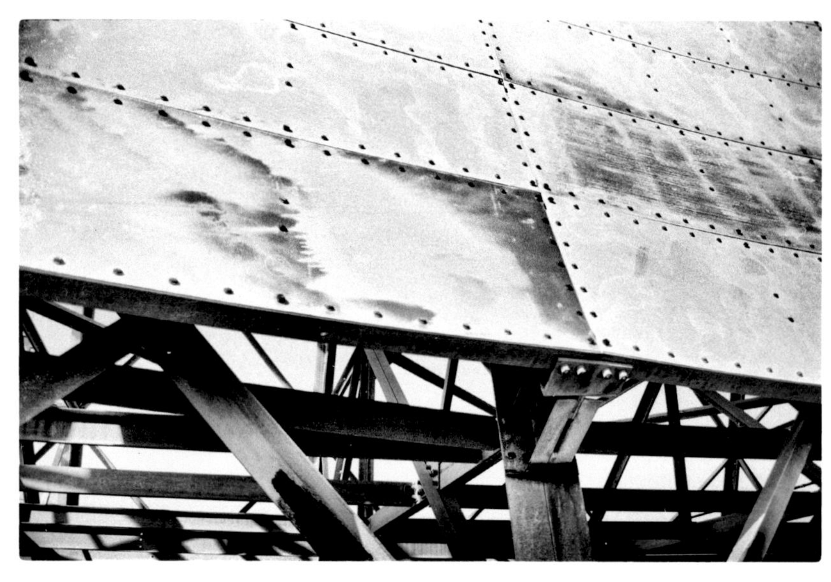

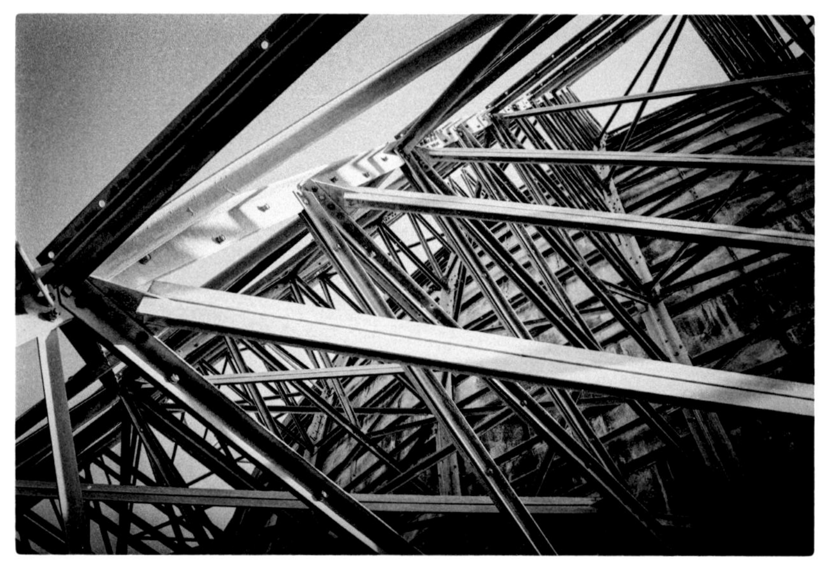

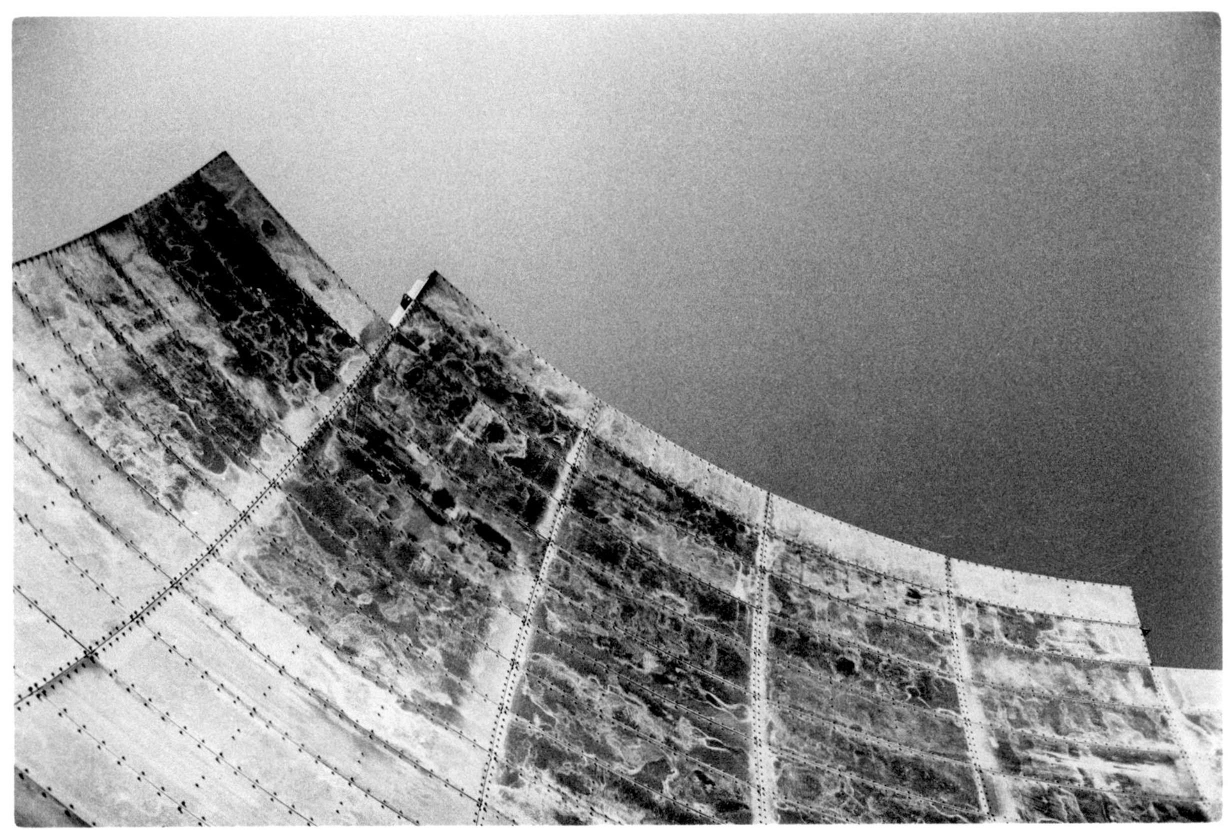

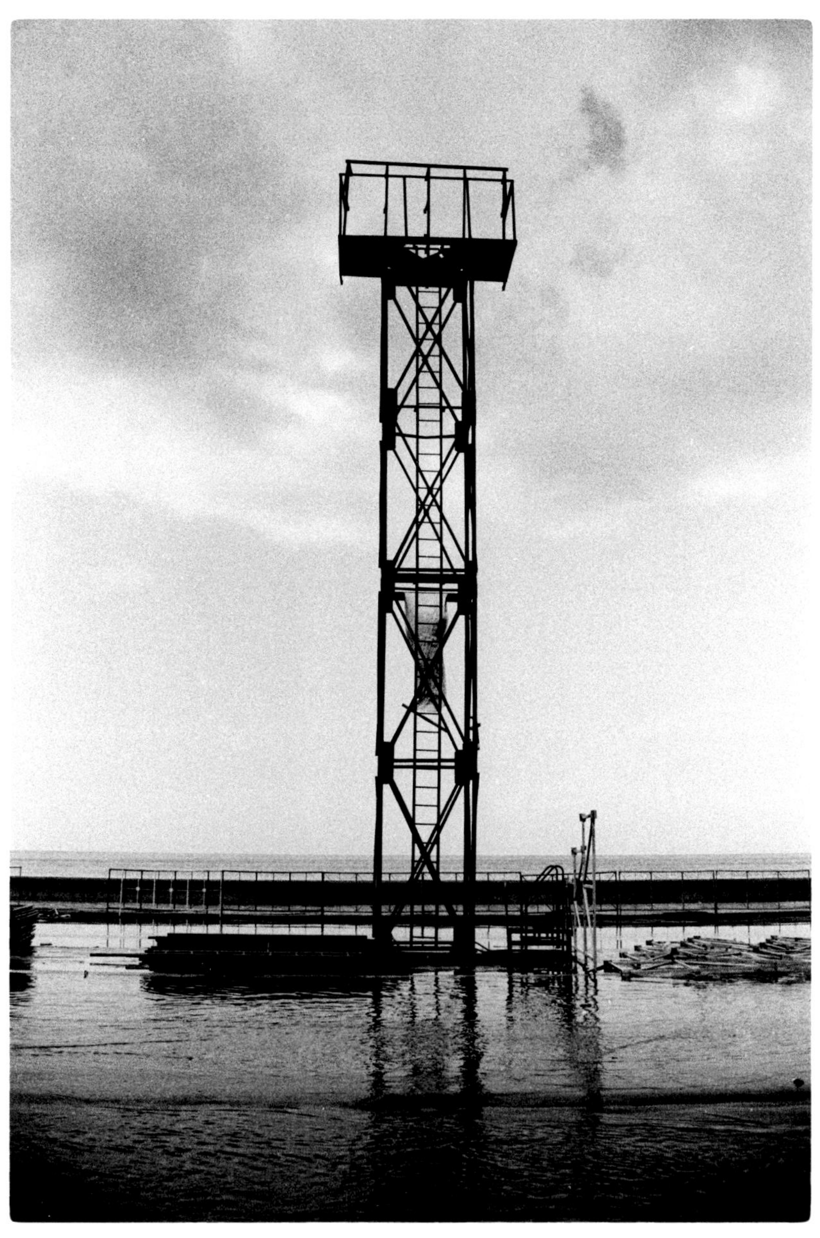

MEMORIAS PENDIENTES

PENDING MEMORIES

SERIE

FOTOGRAFÍA DIGITAL
IMPRESIÓN INKJET CON TINTA DE PIGMENTO
2017 — 2020
DIGITAL PHOTOGRAPHY
INKJET PRINT WITH ARCHIVAL PIGMENT INK

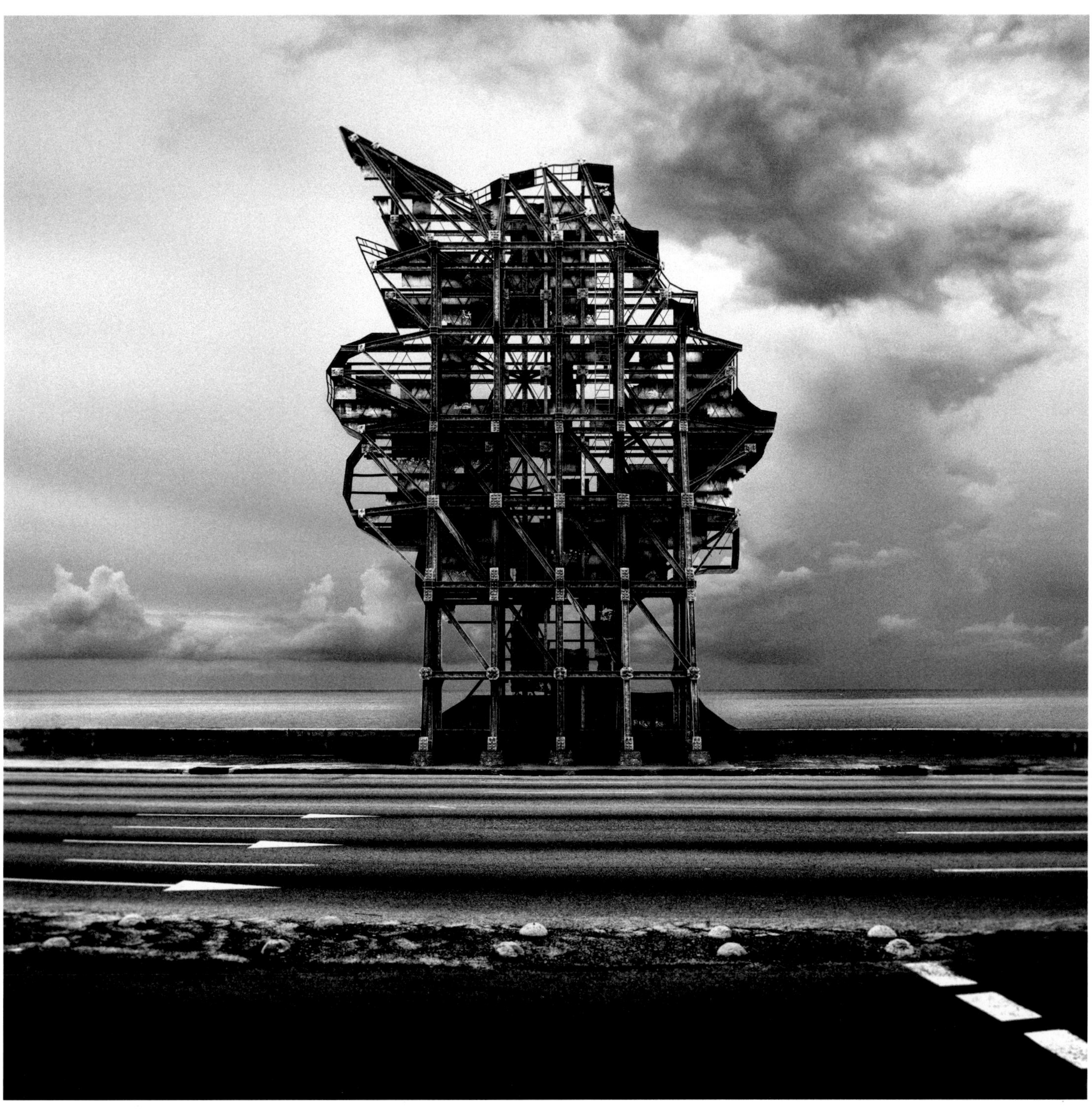

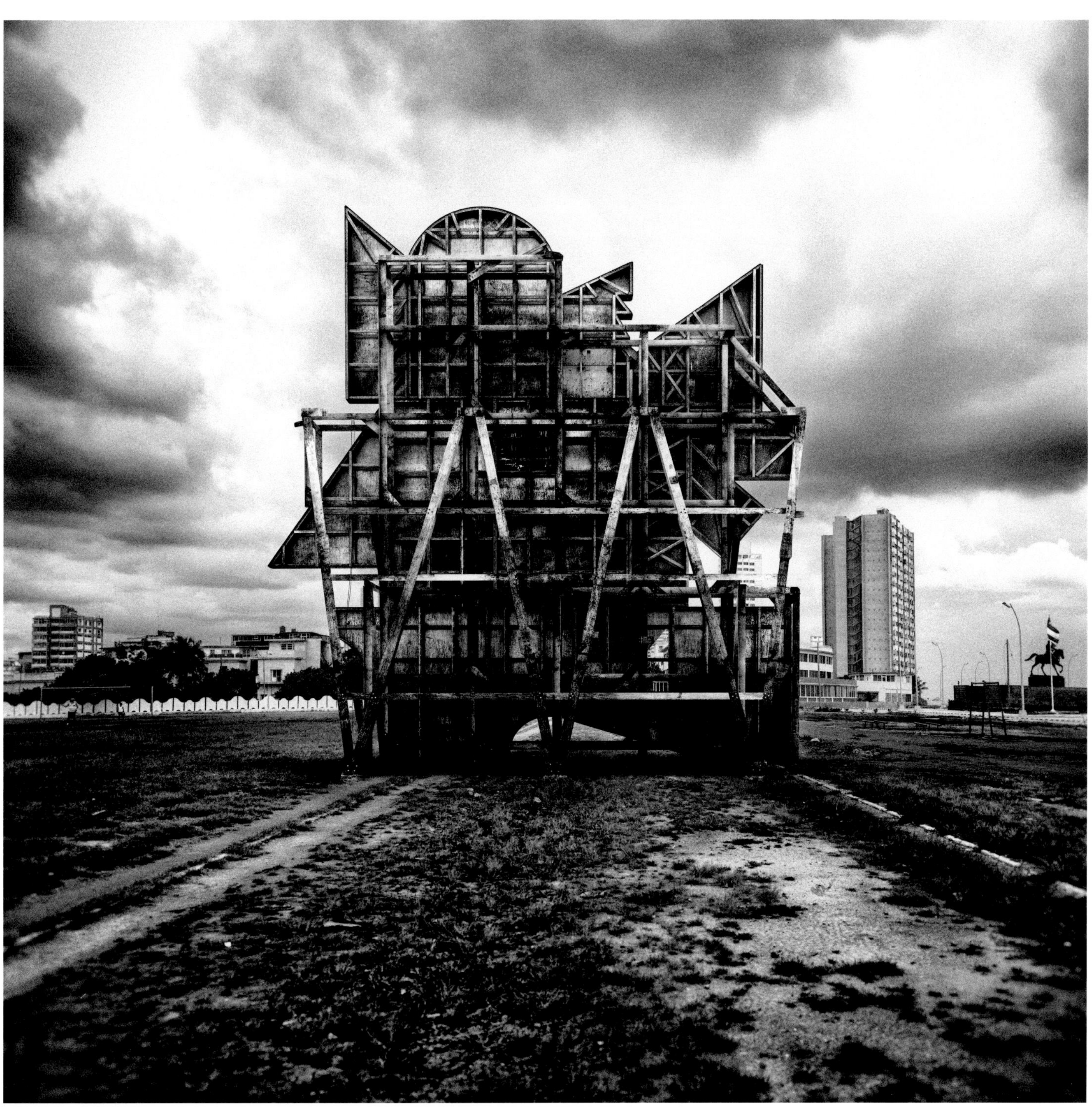

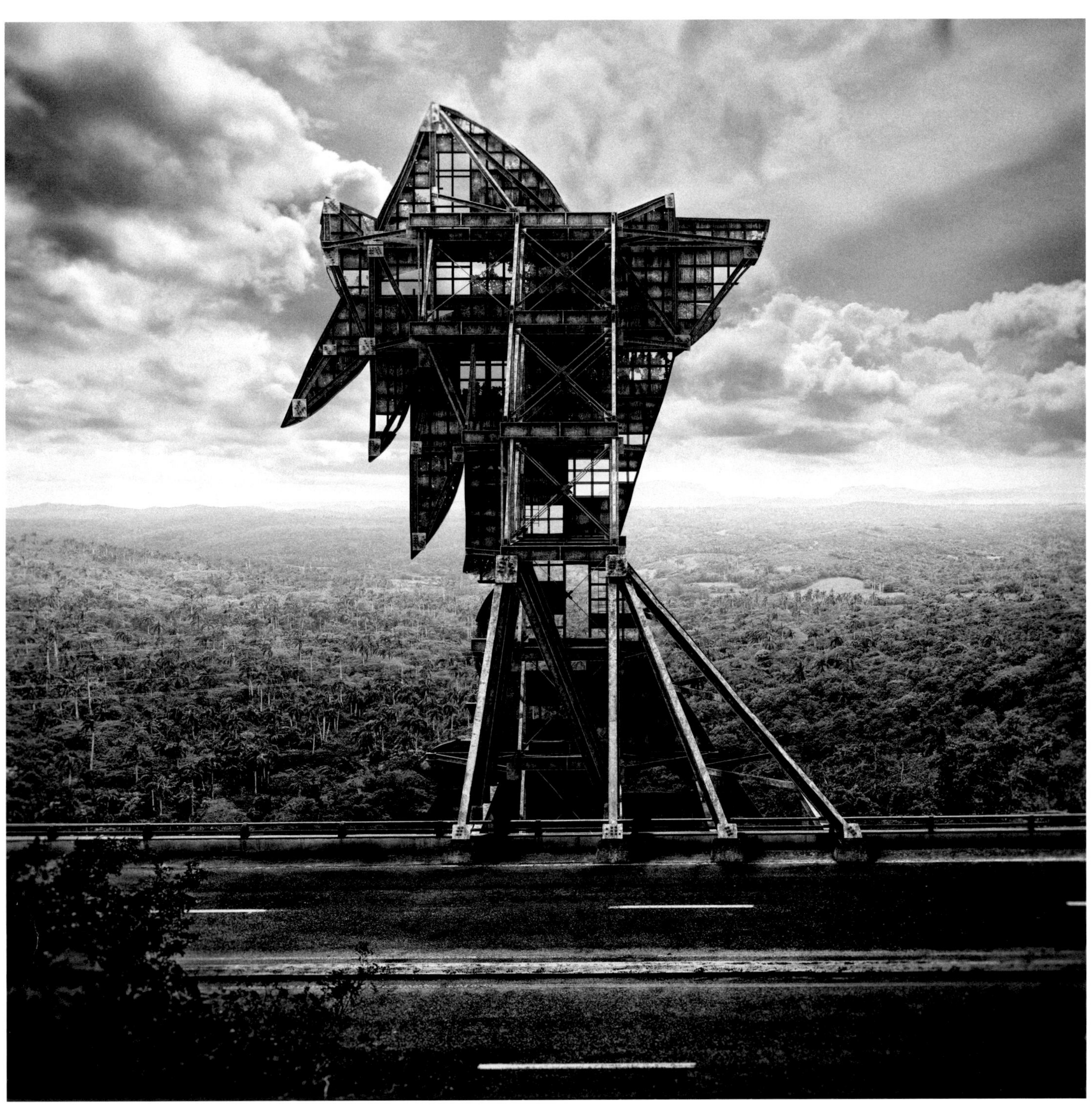

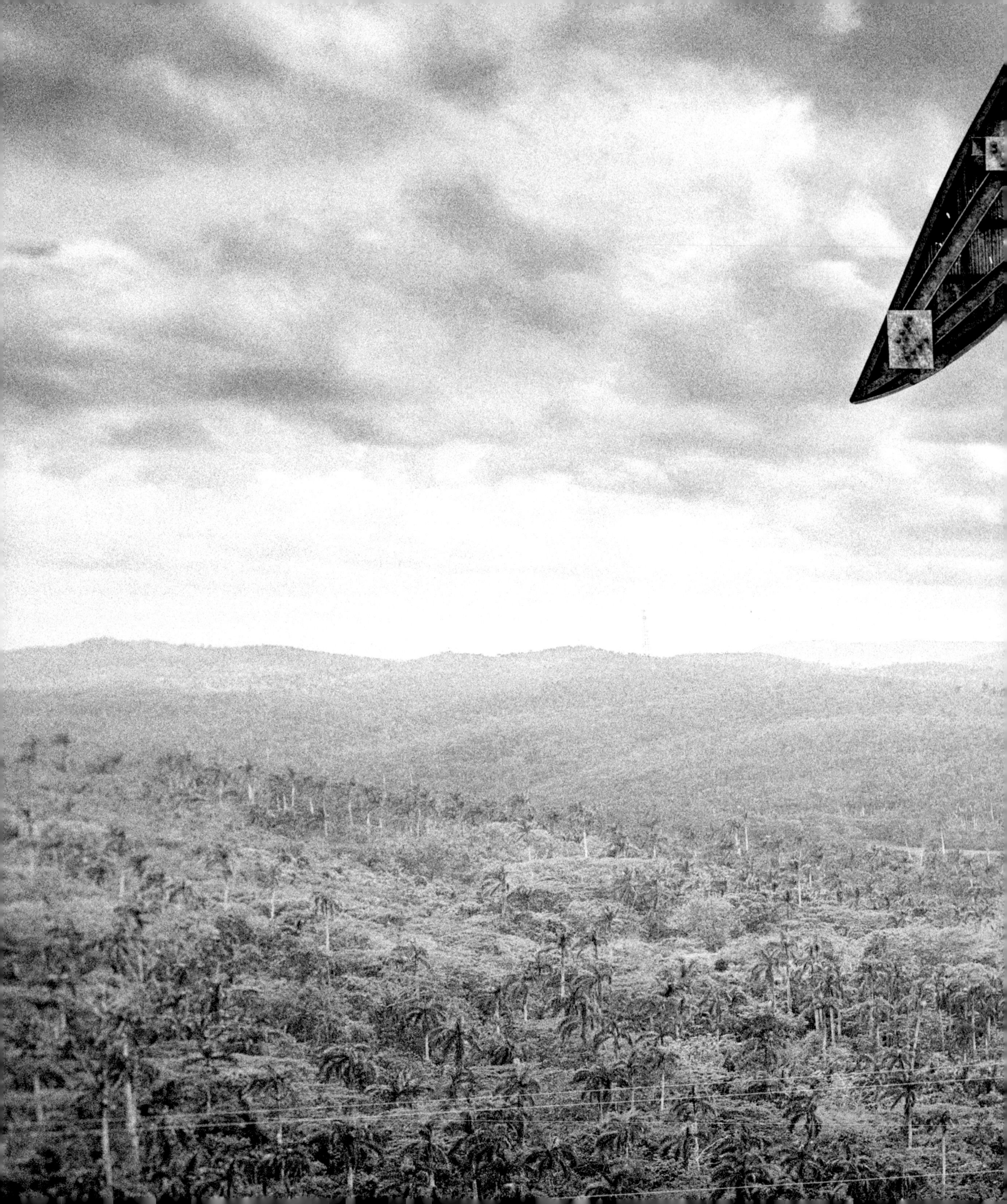

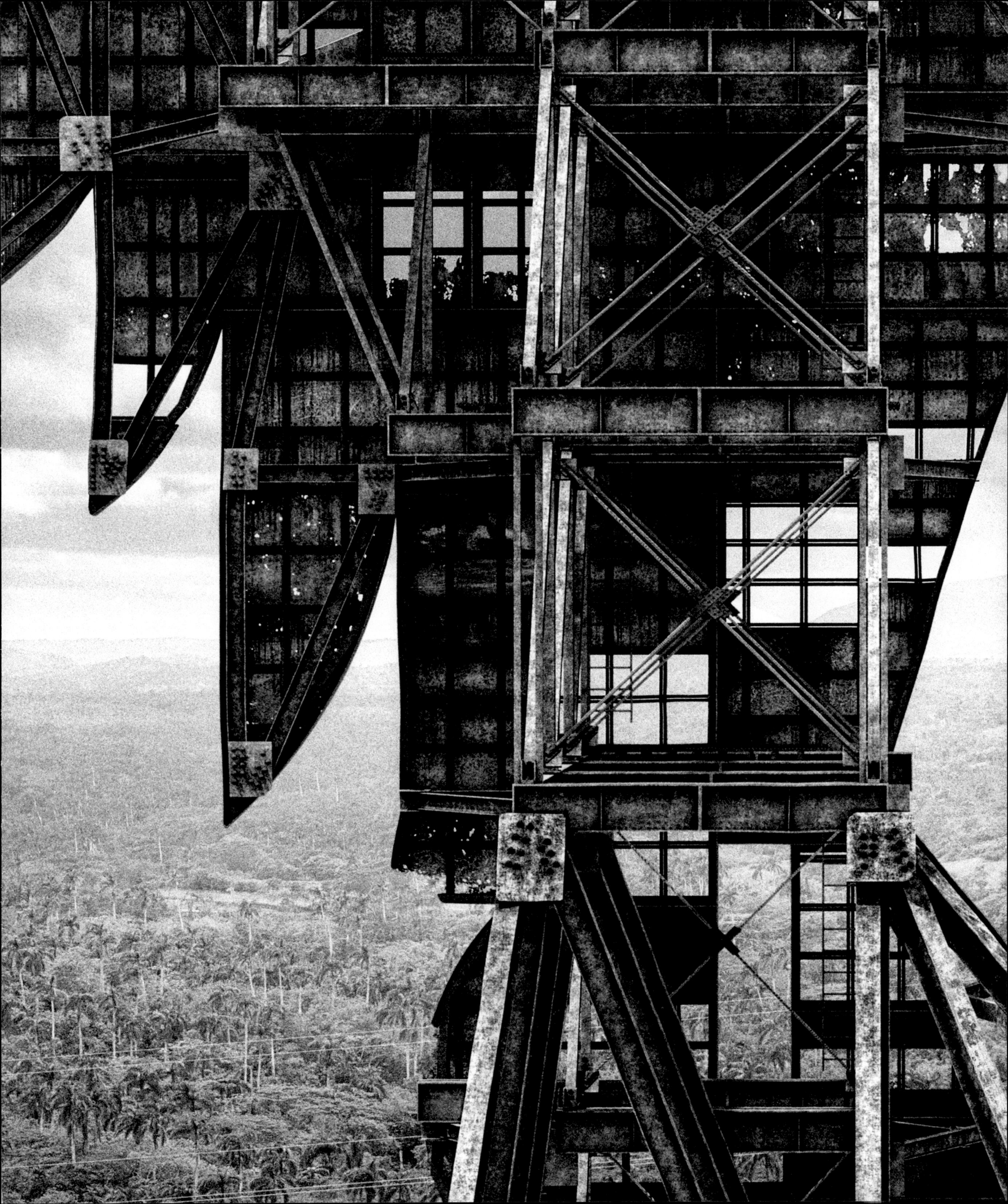

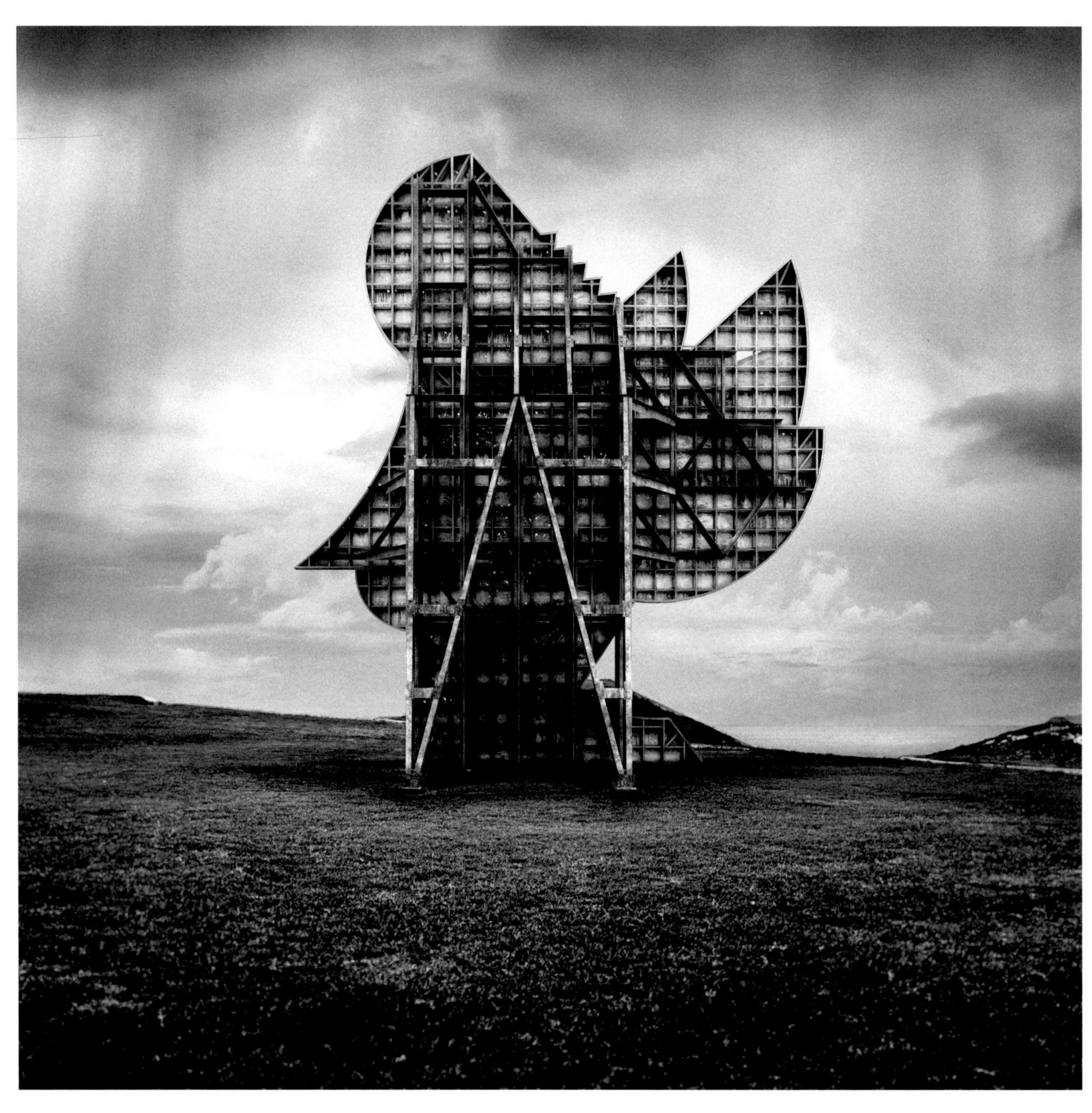

MEMORIAS PENDIENTES — SIN TÍTULO No. 04 │ No. 06

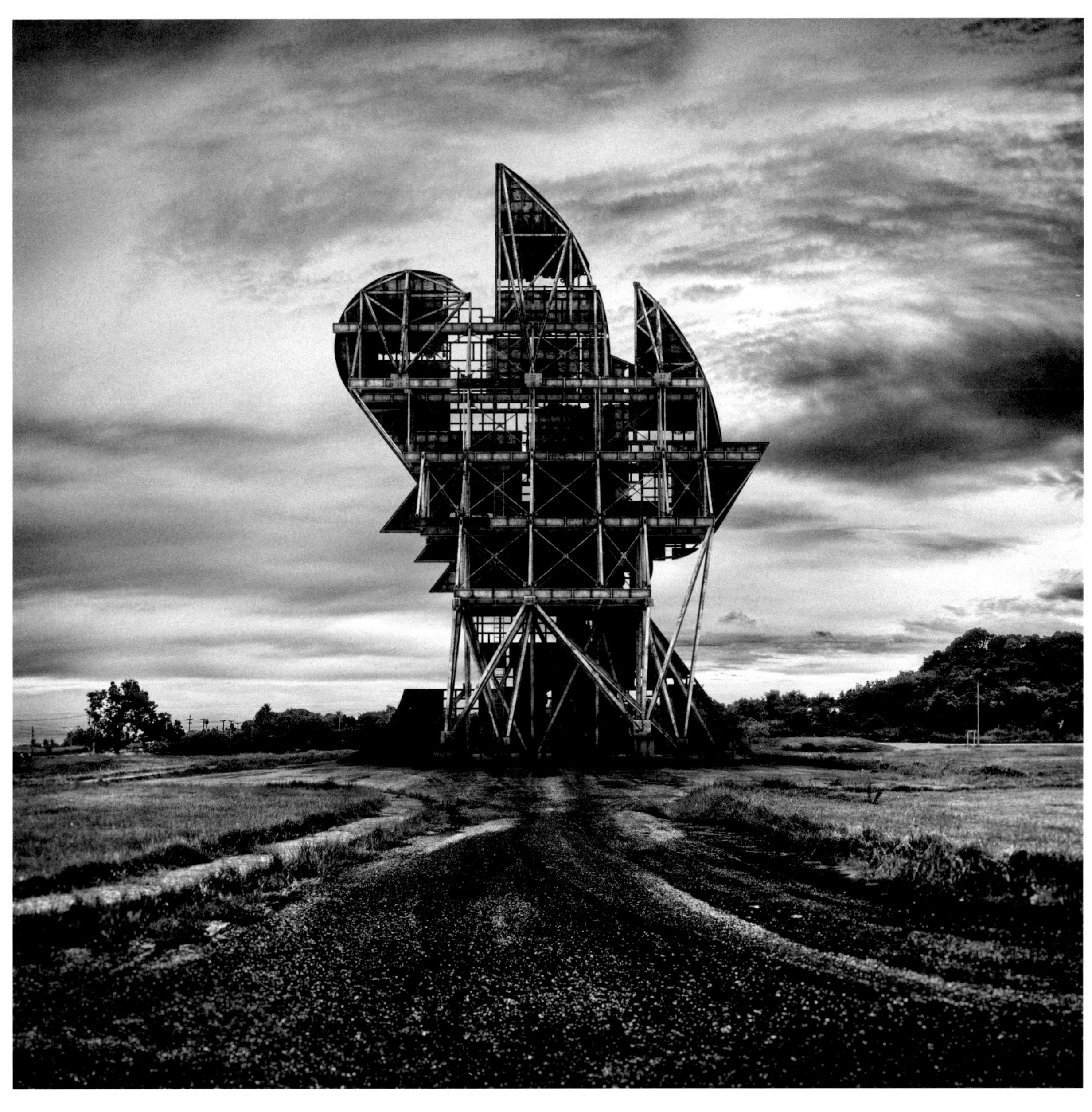

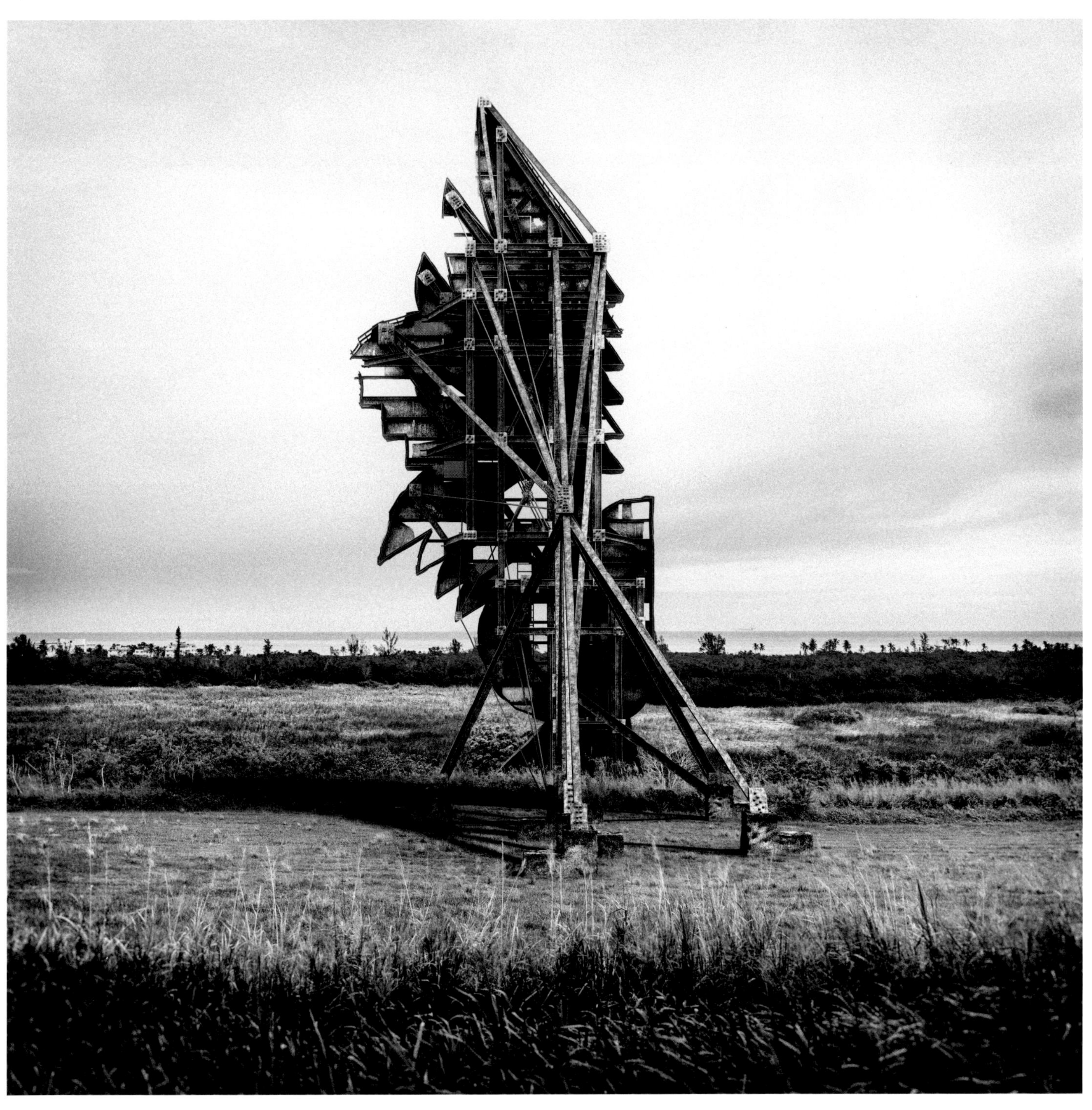

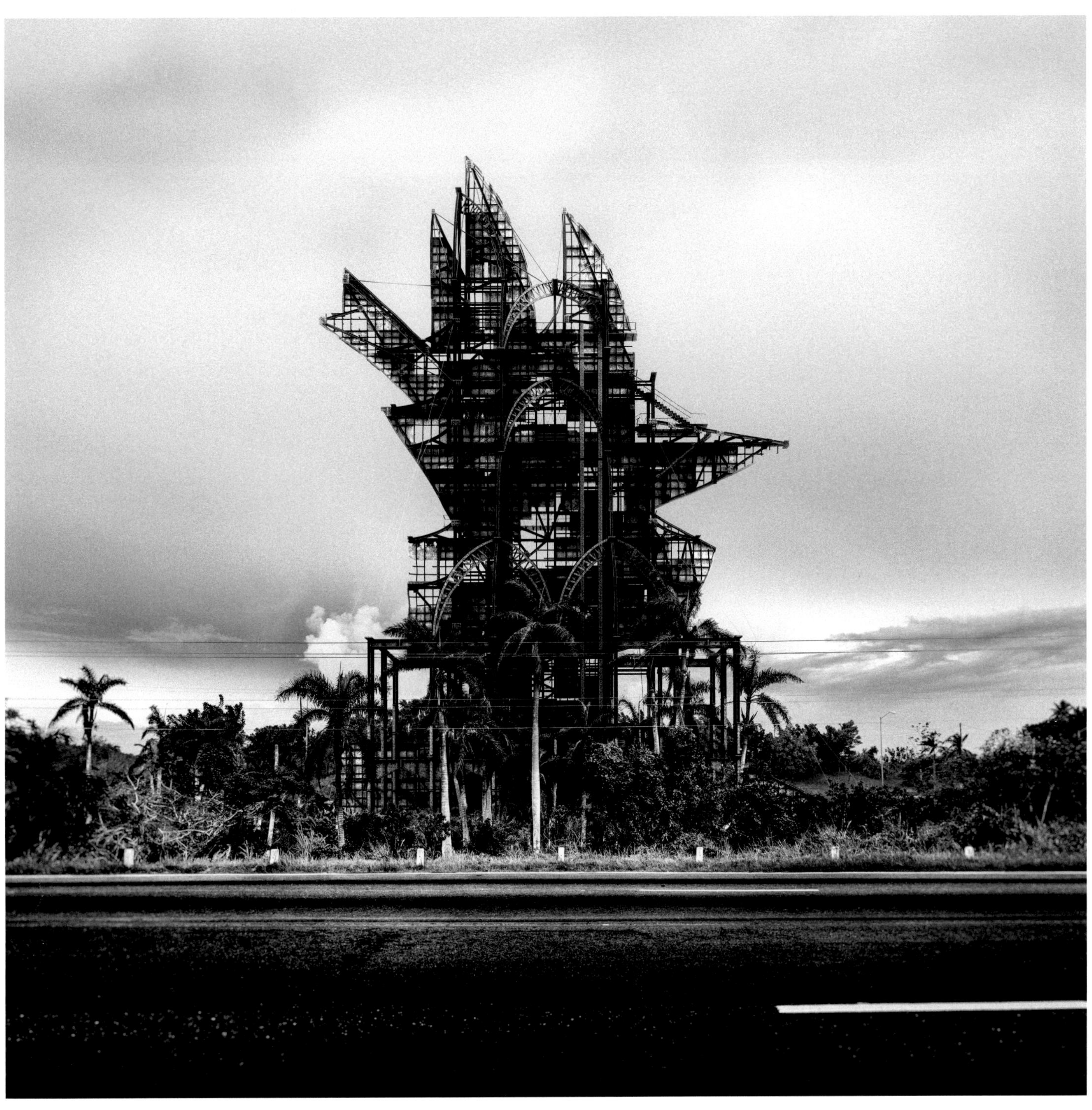

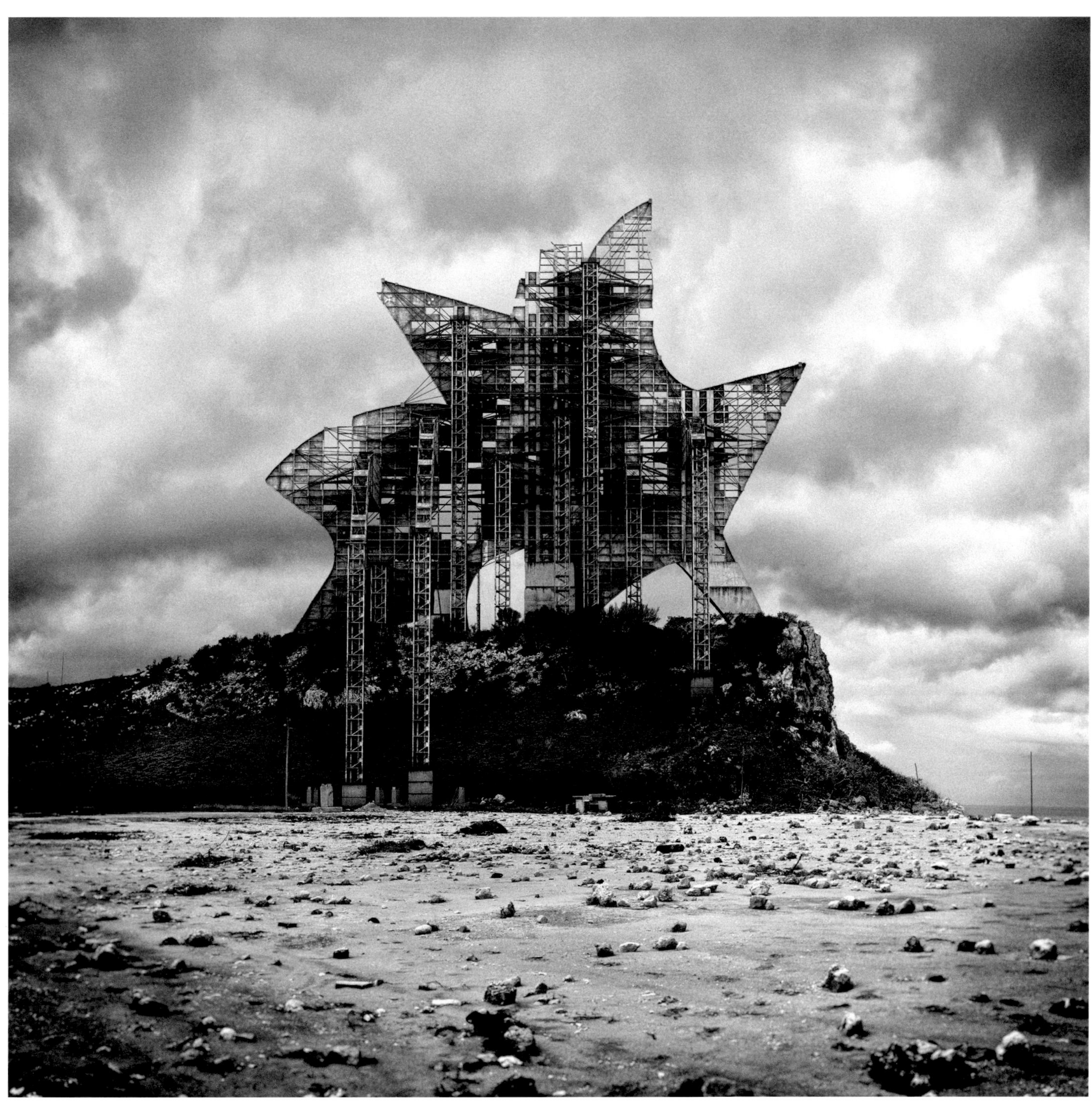

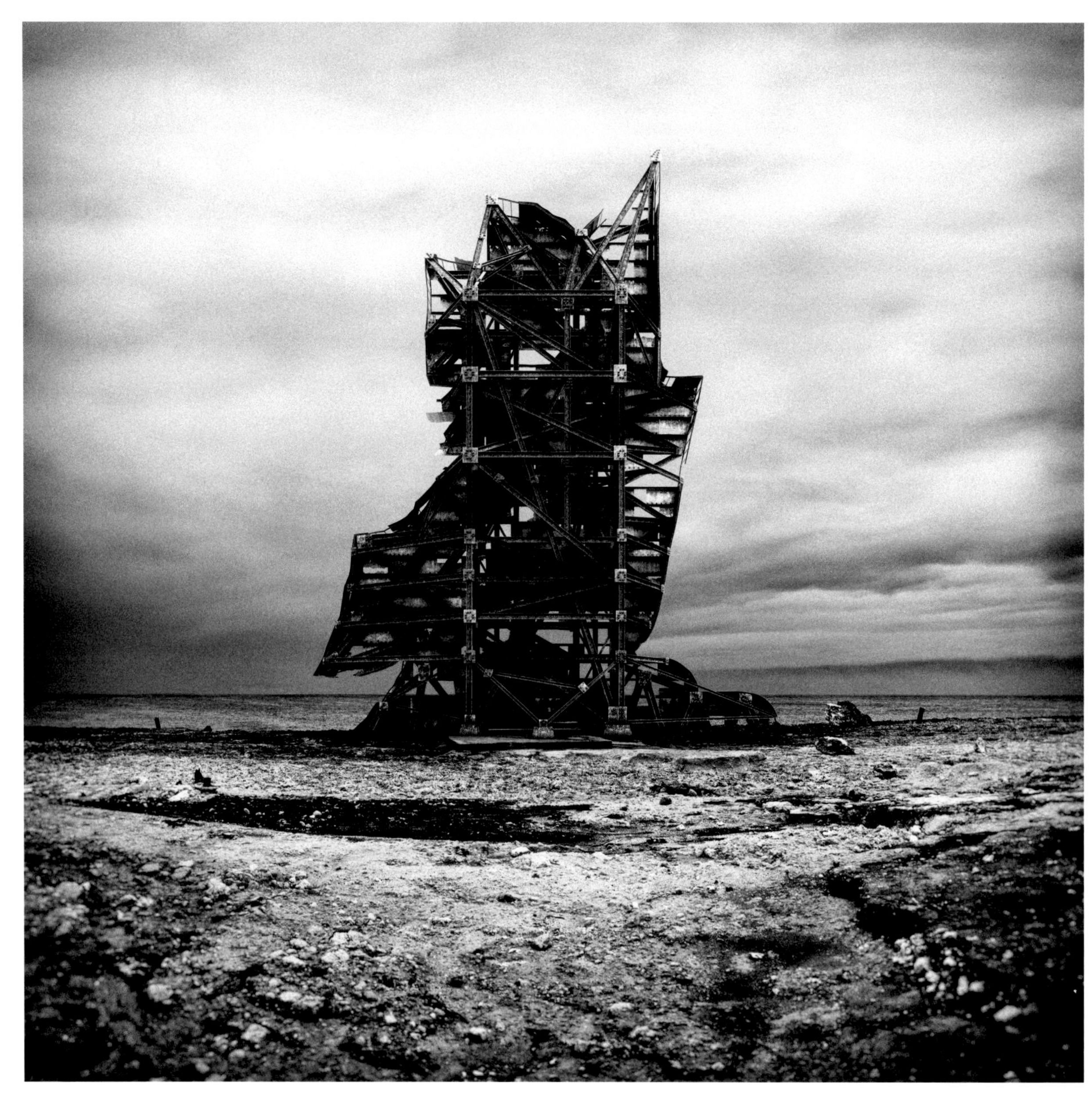

MEMORIAS PENDIENTES — *SIN TÍTULO* No. 11 | No. 13

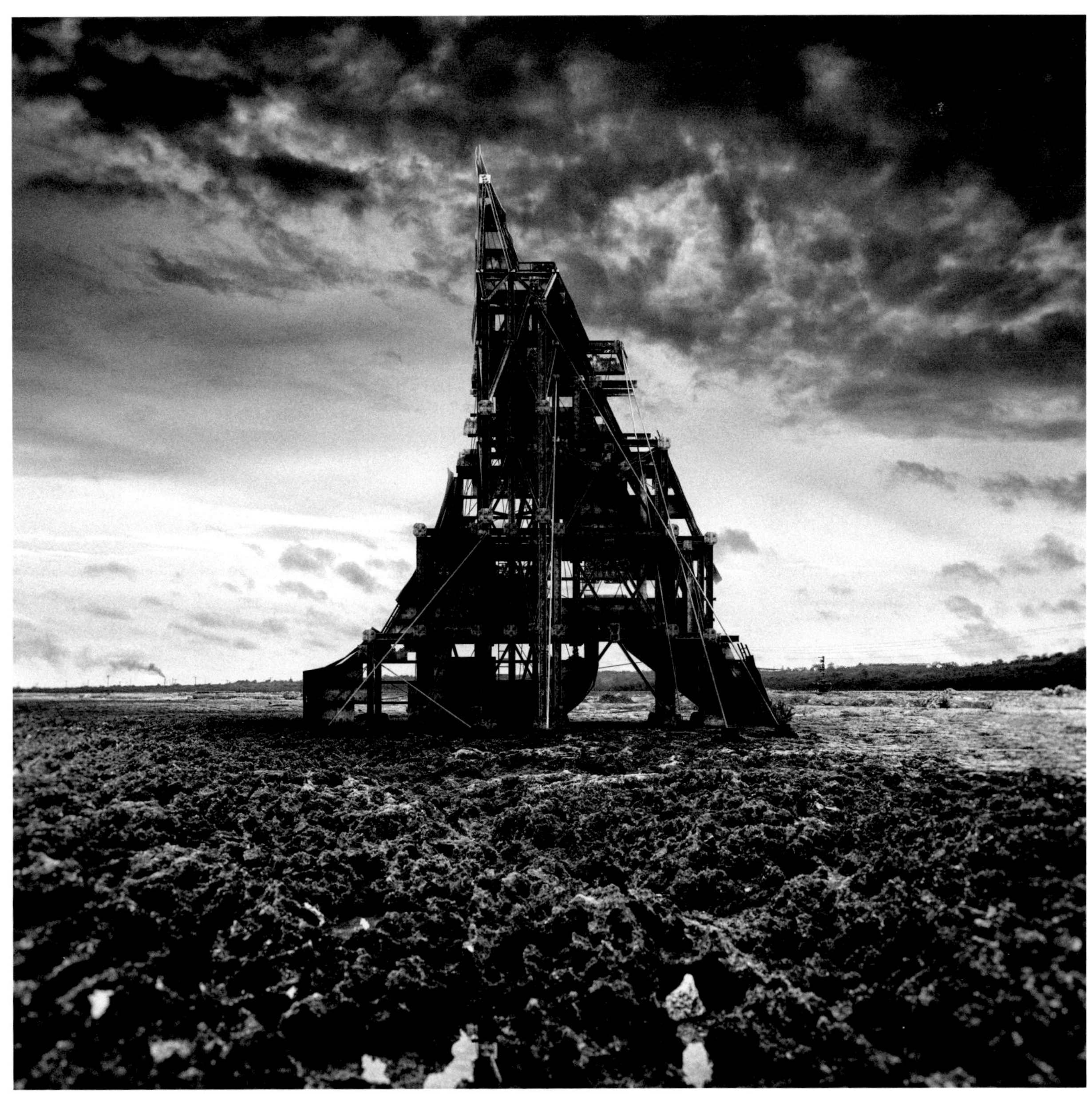

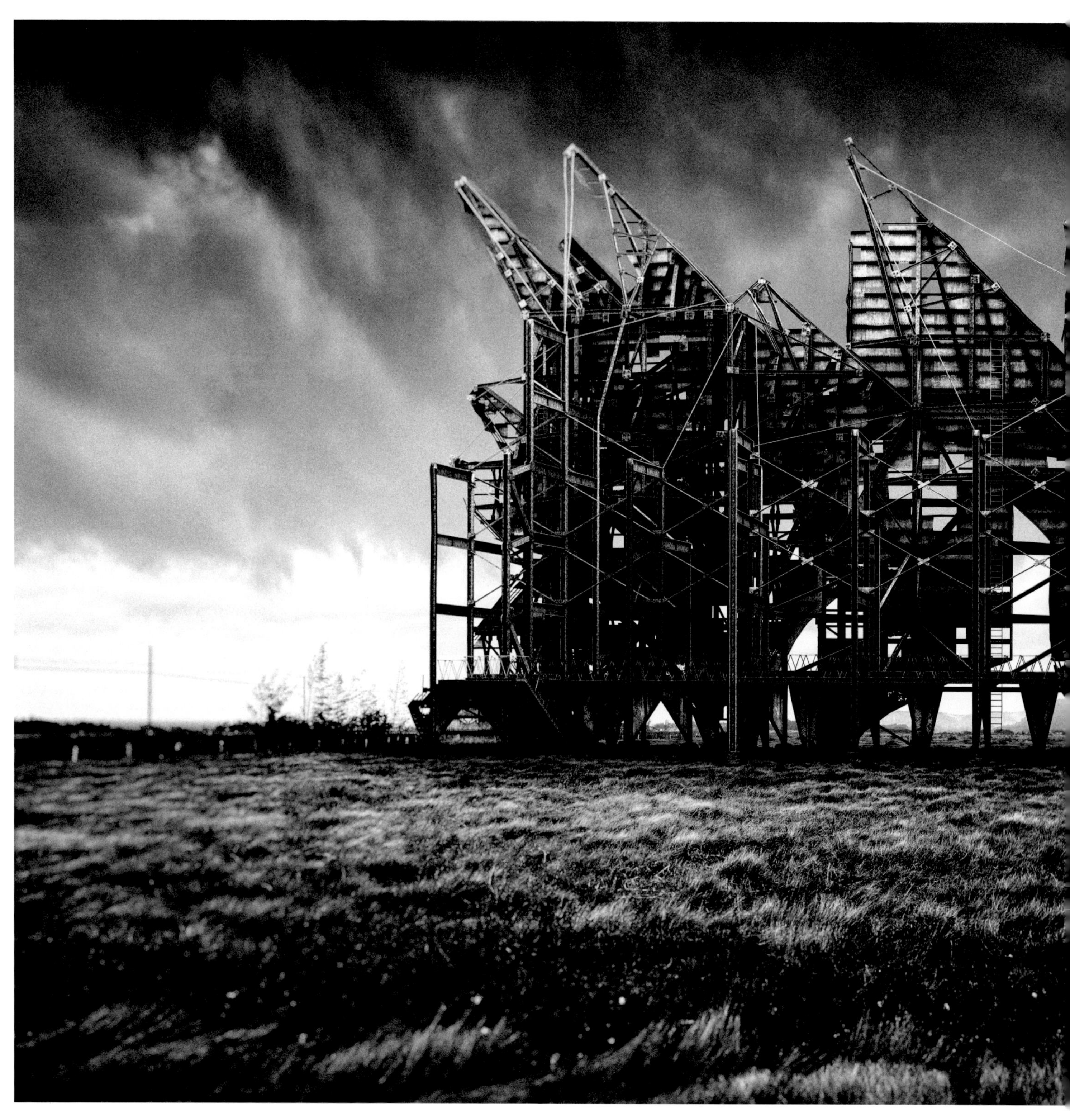

MEMORIAS PENDIENTES — SIN TÍTULO No. 09

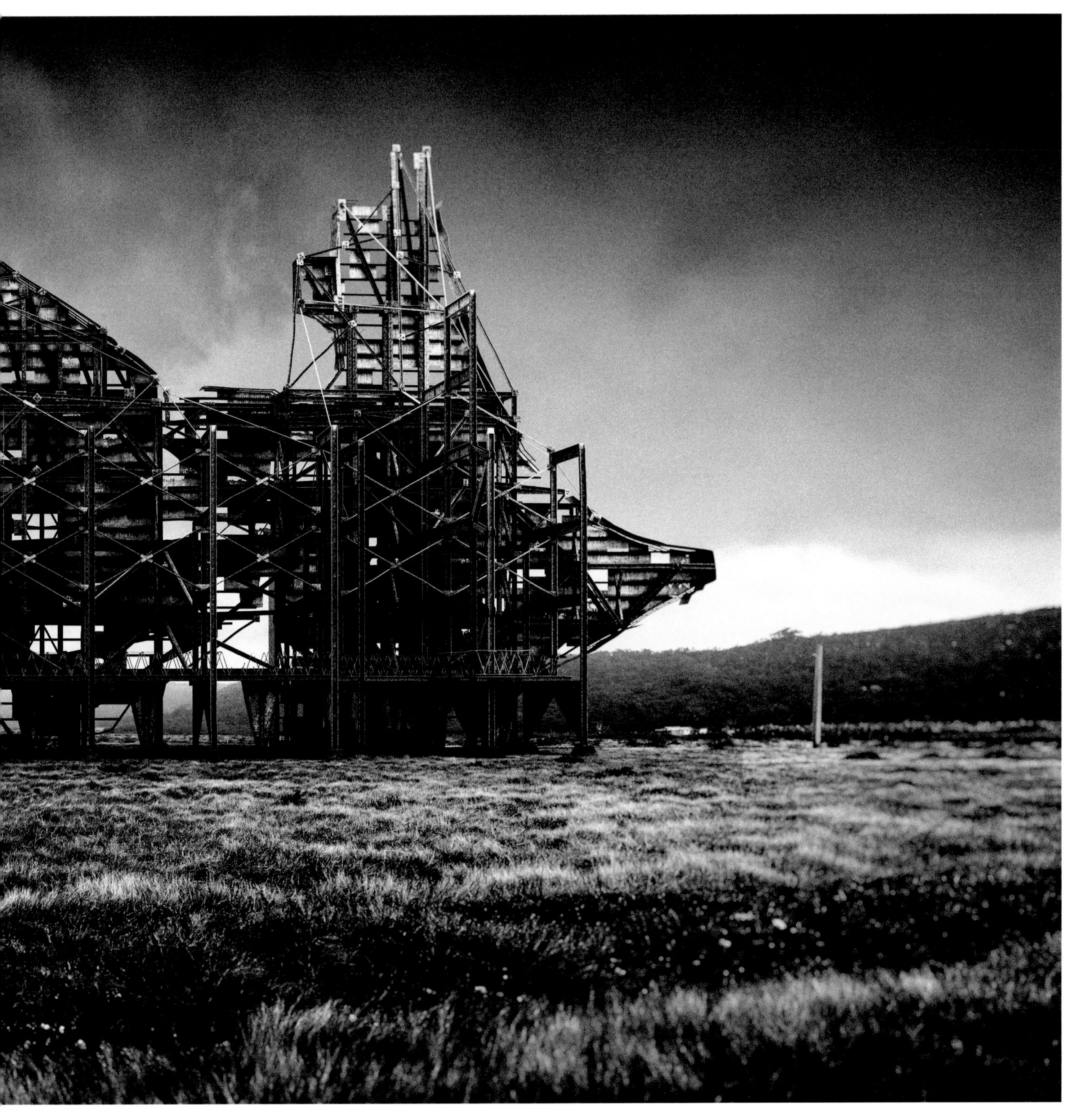

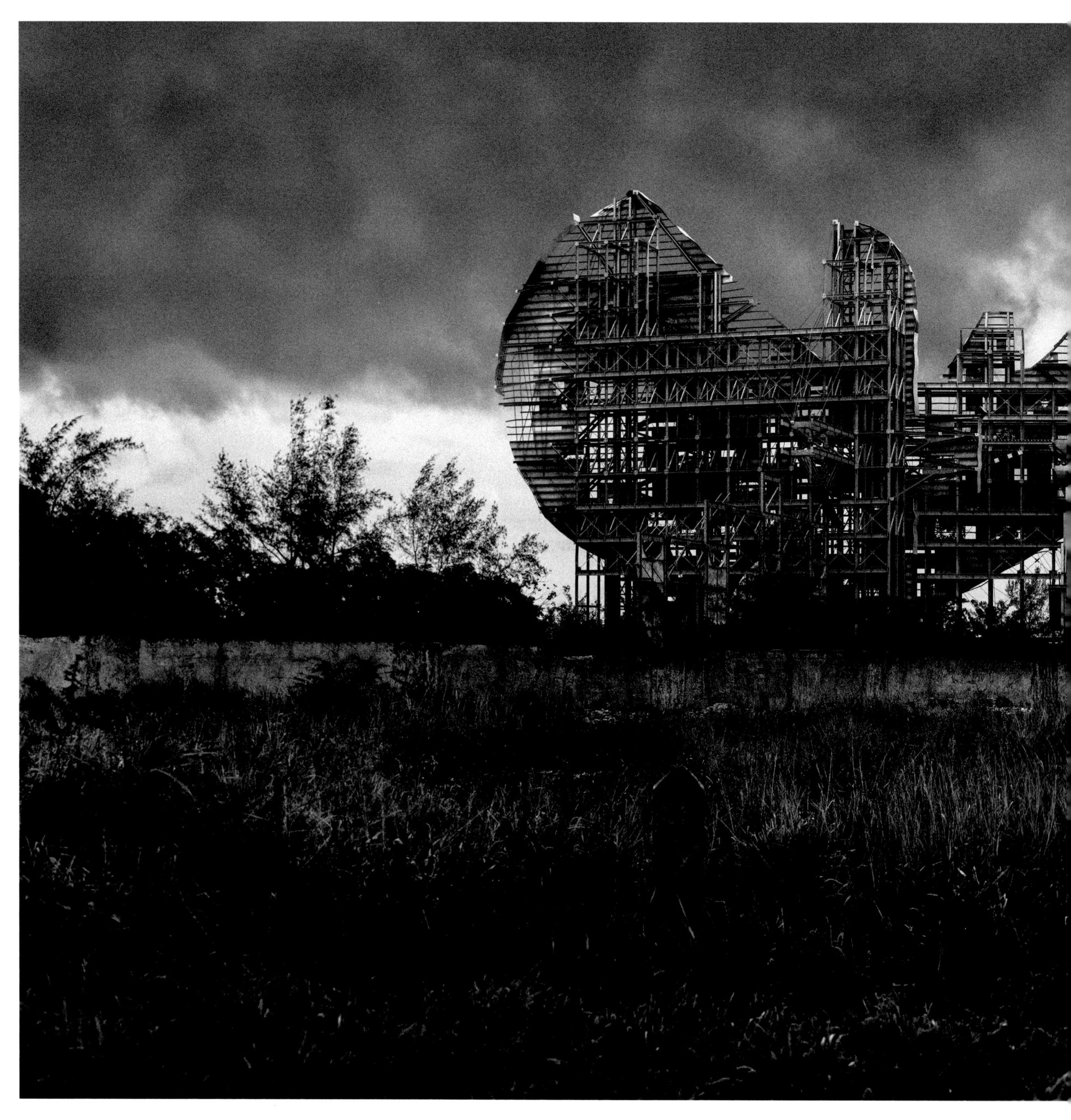

MEMORIAS PENDIENTES — SIN TÍTULO No. 12

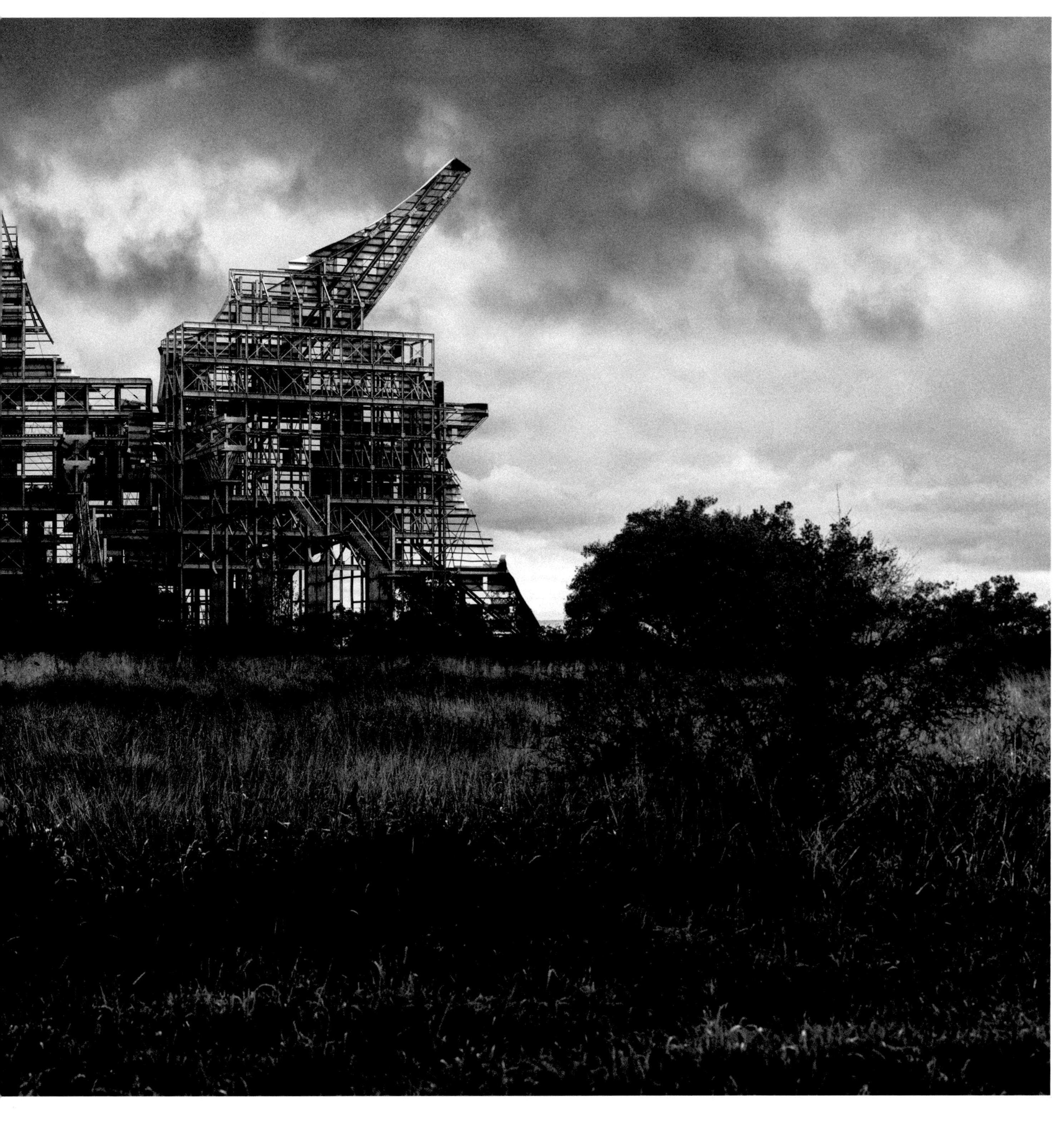

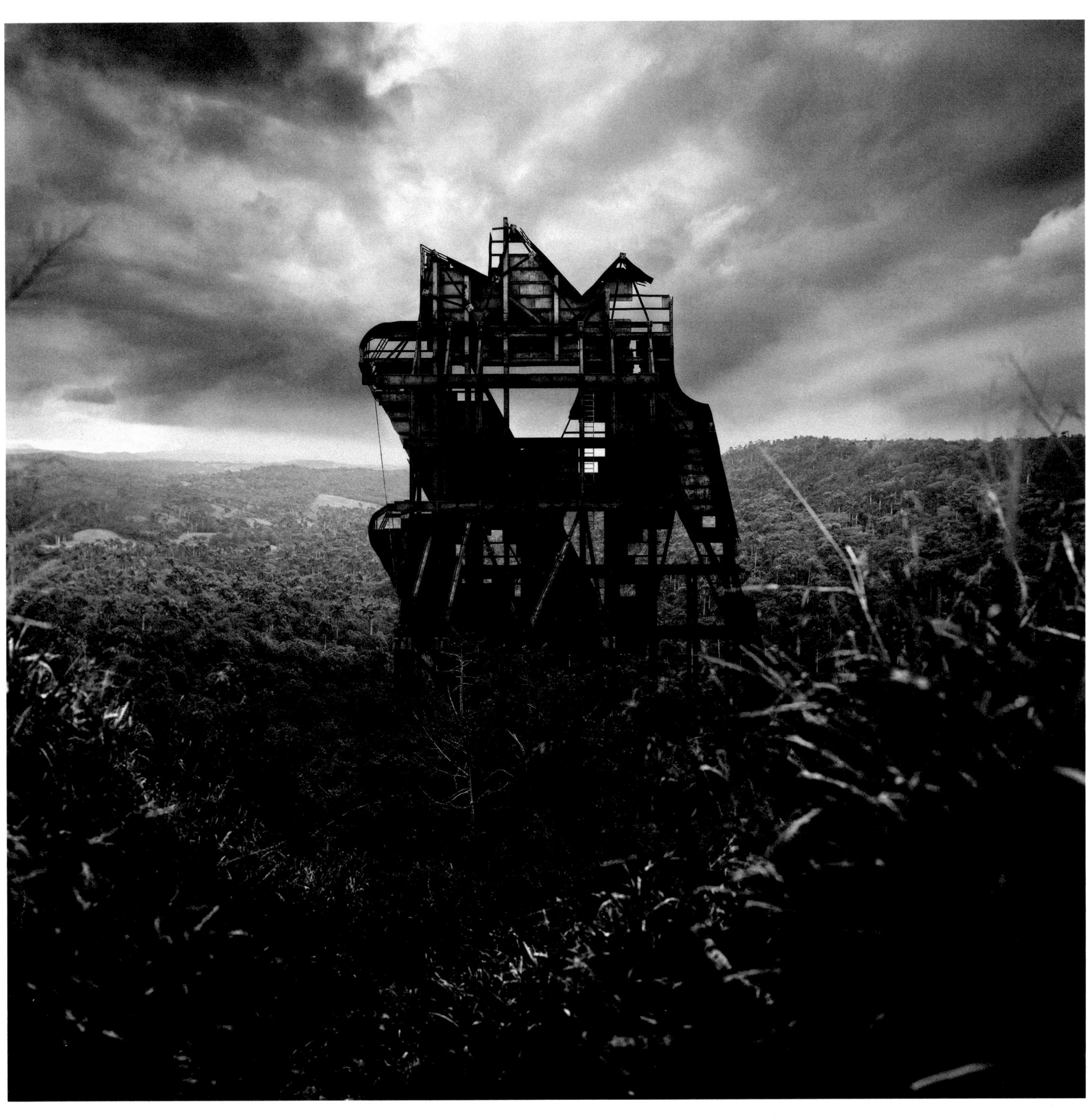

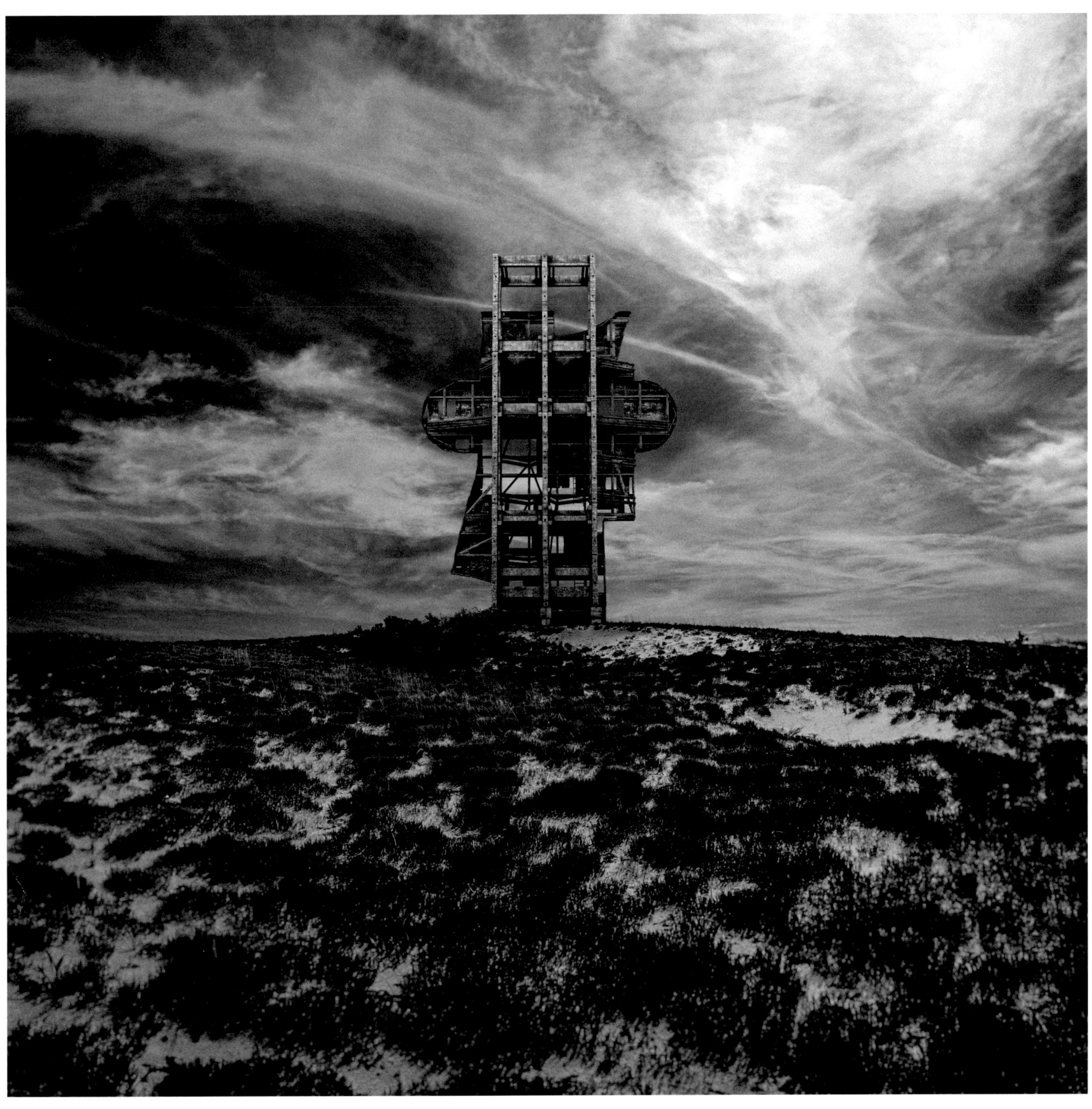

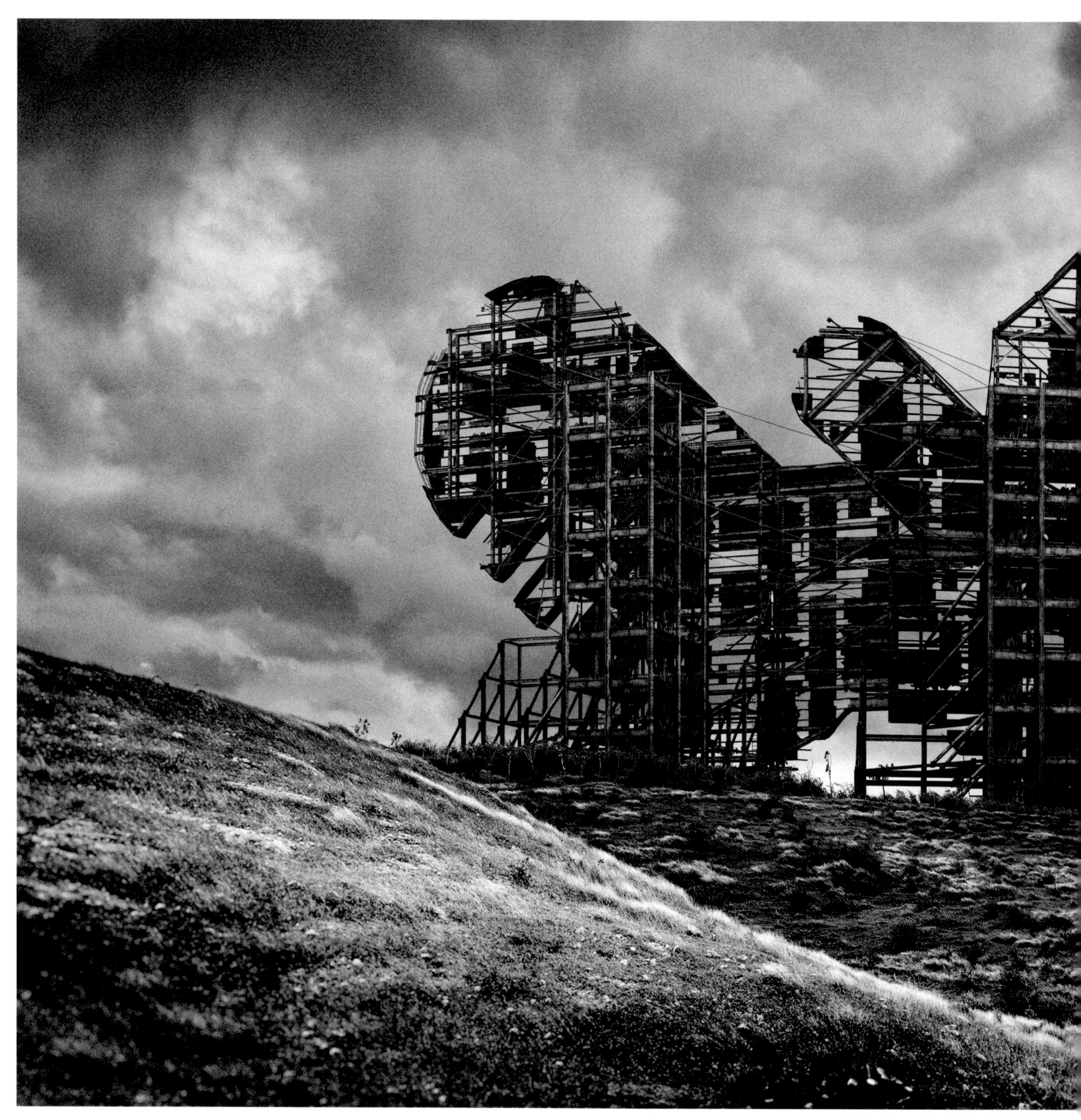

MEMORIAS PENDIENTES — SIN TÍTULO No. 15

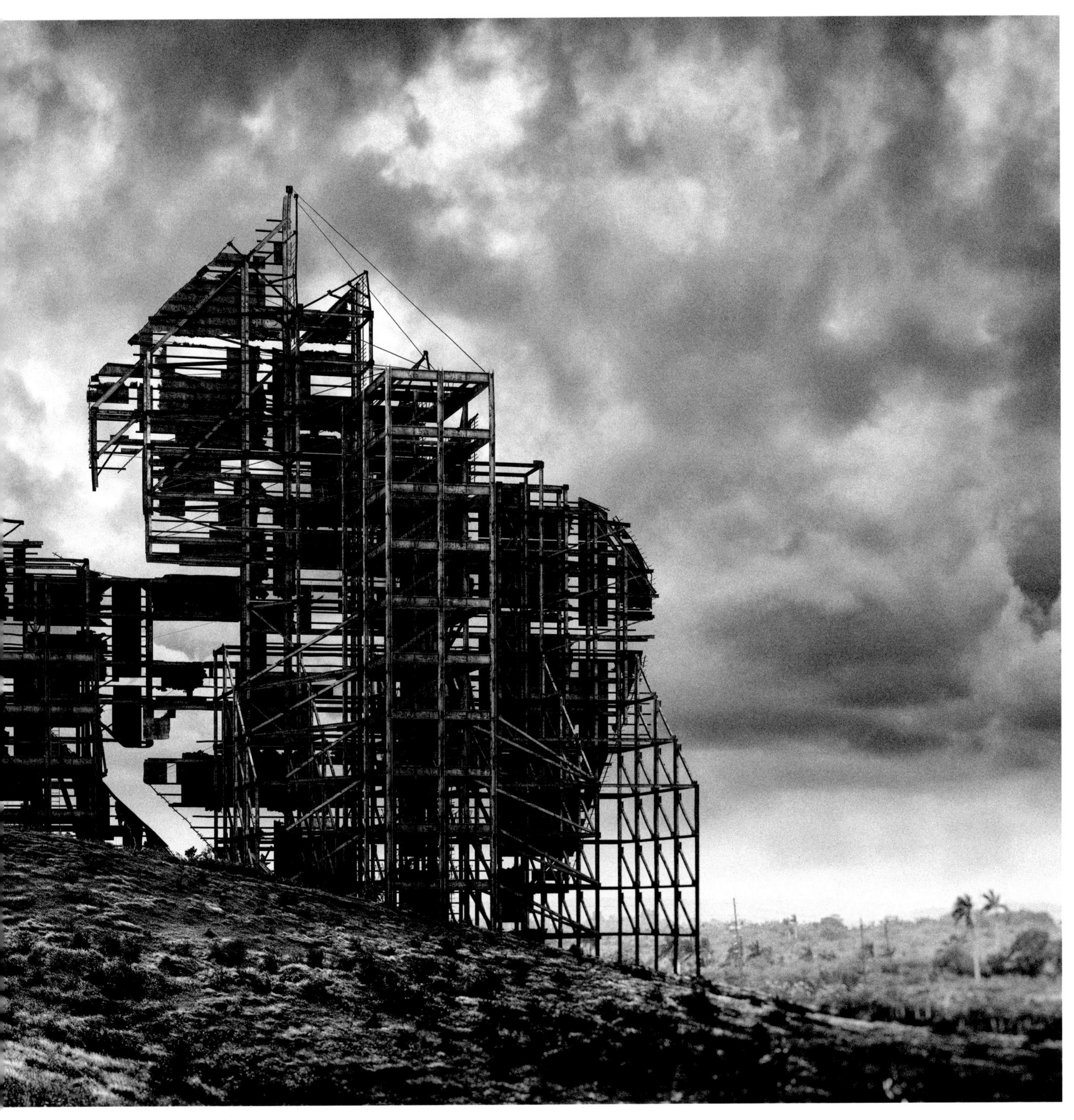

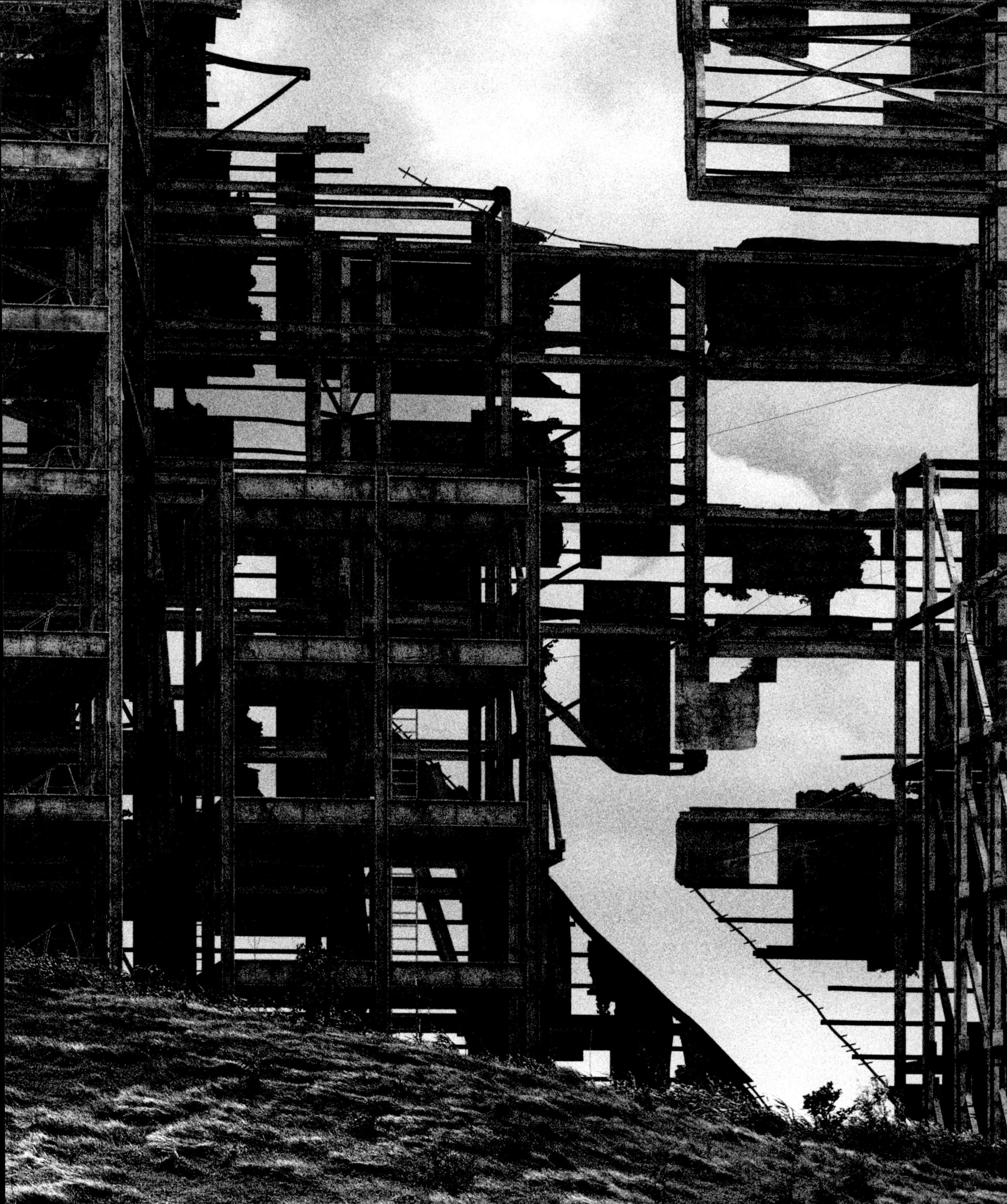

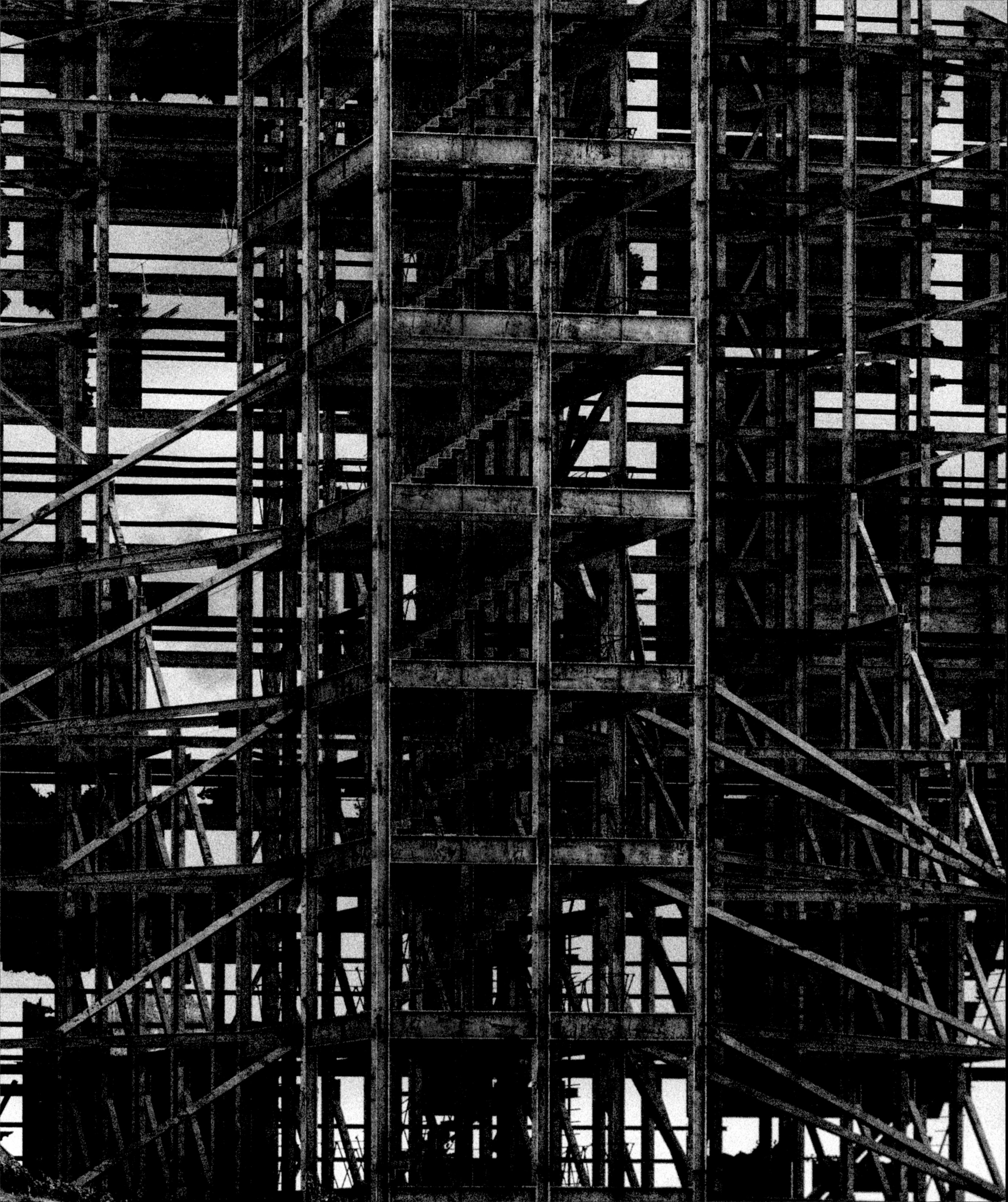

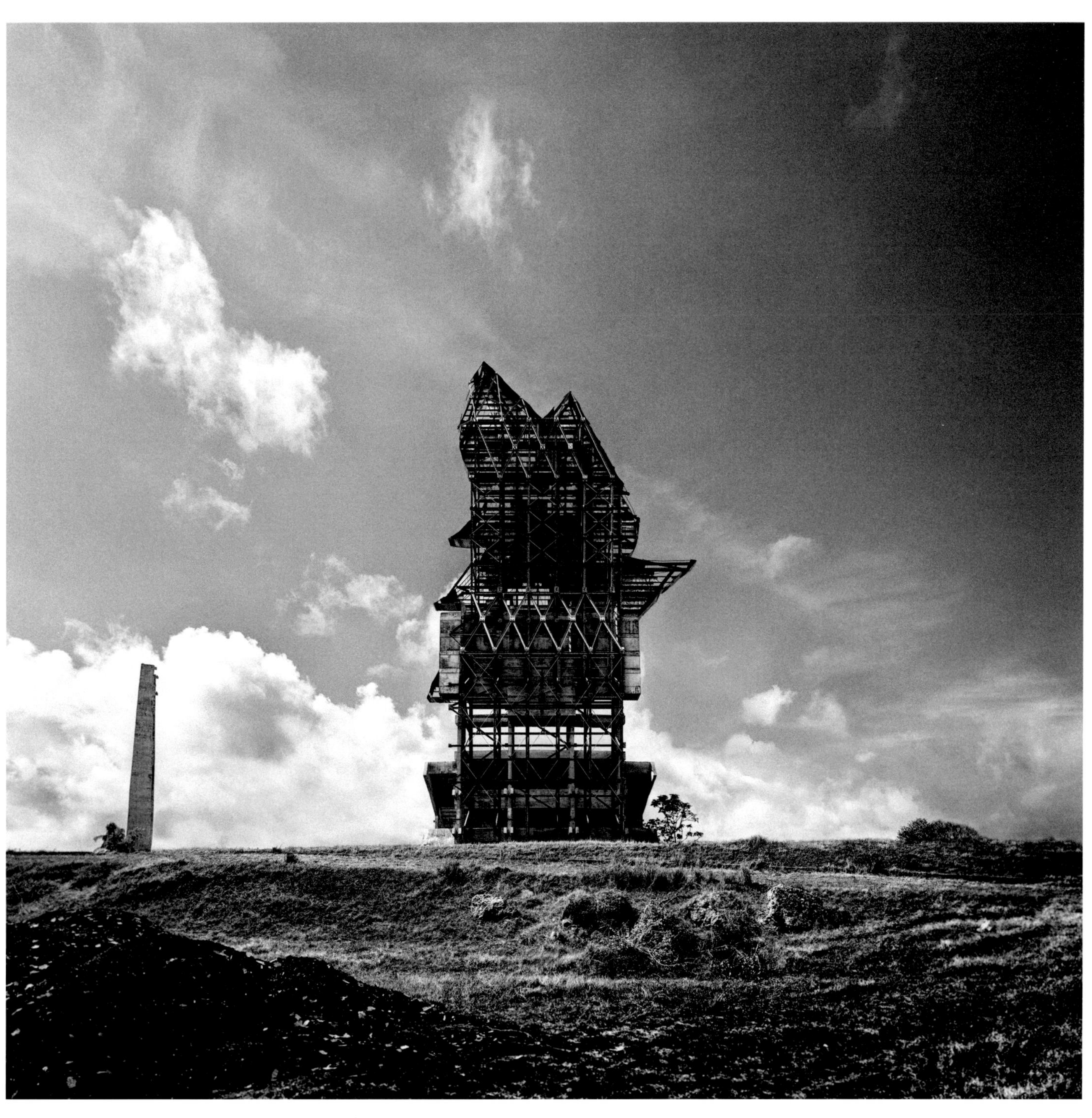

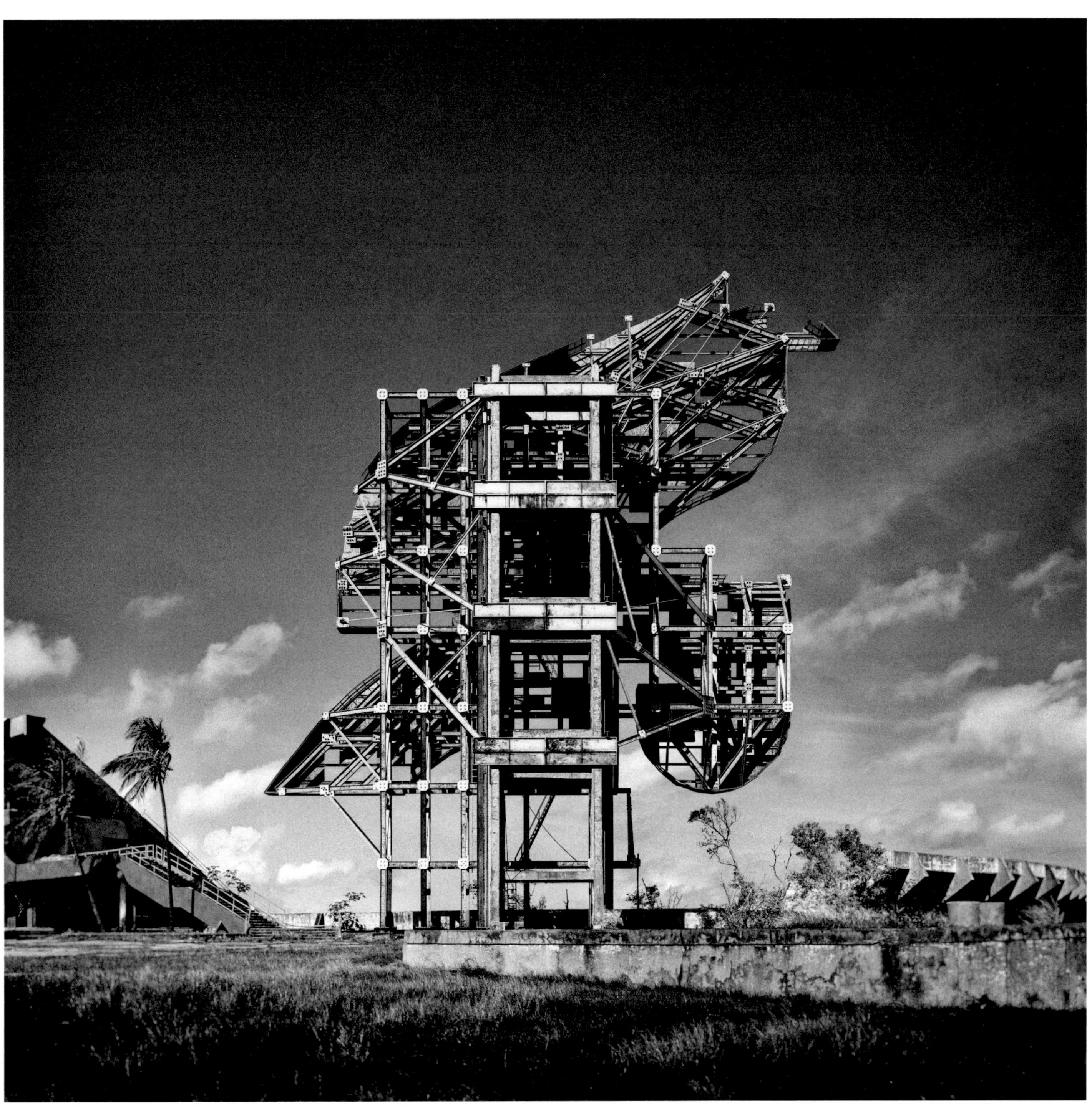

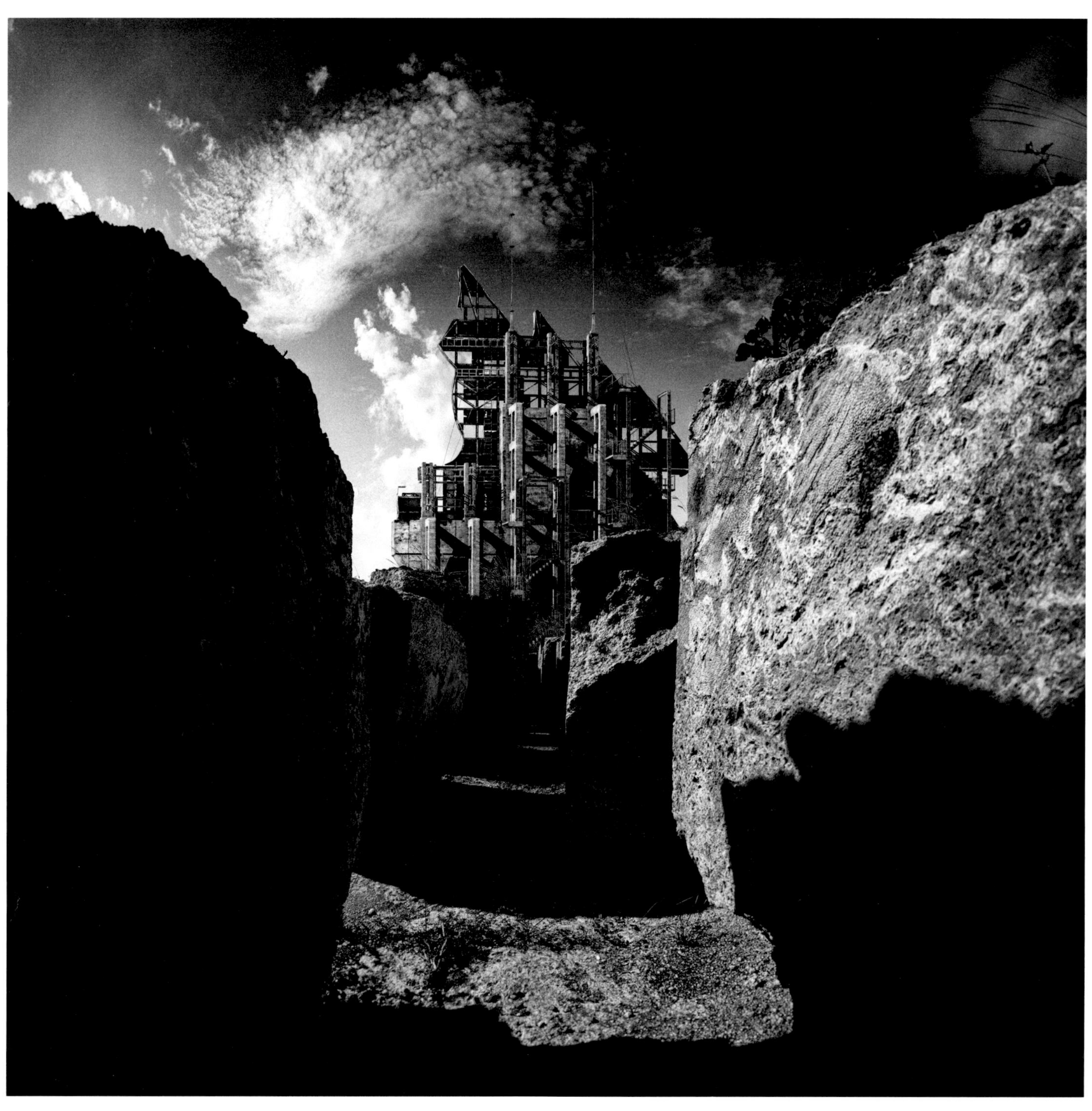

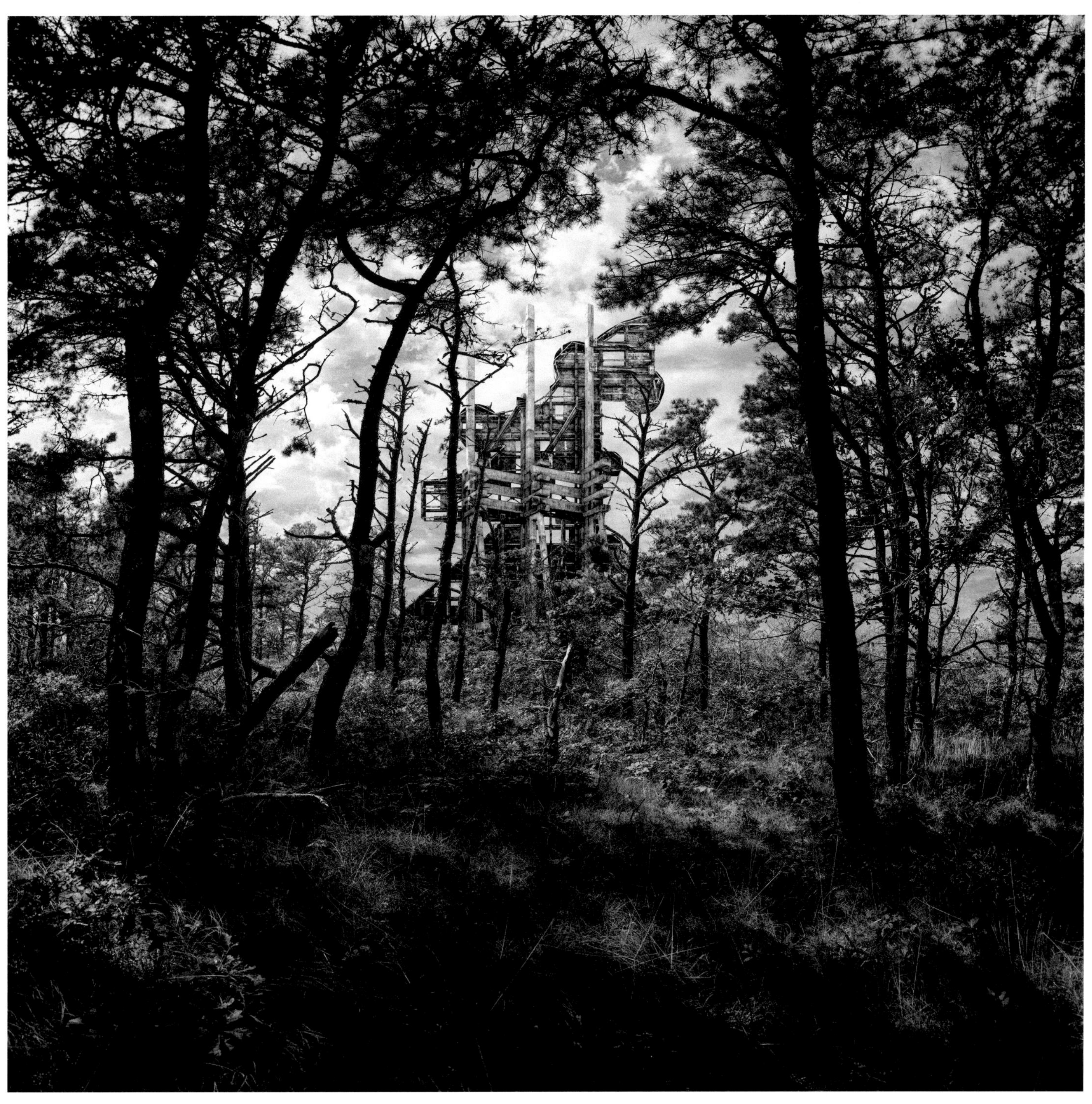

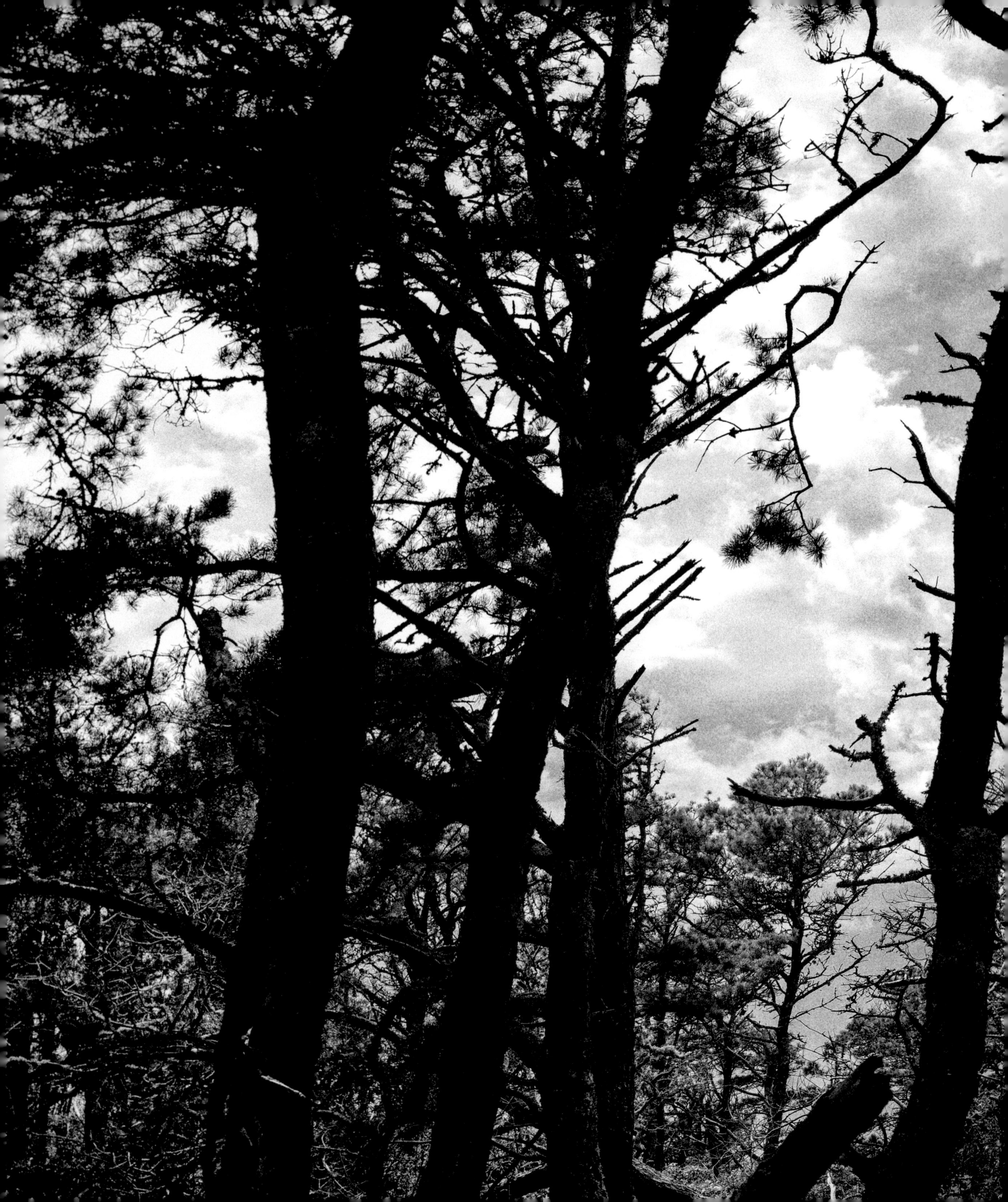

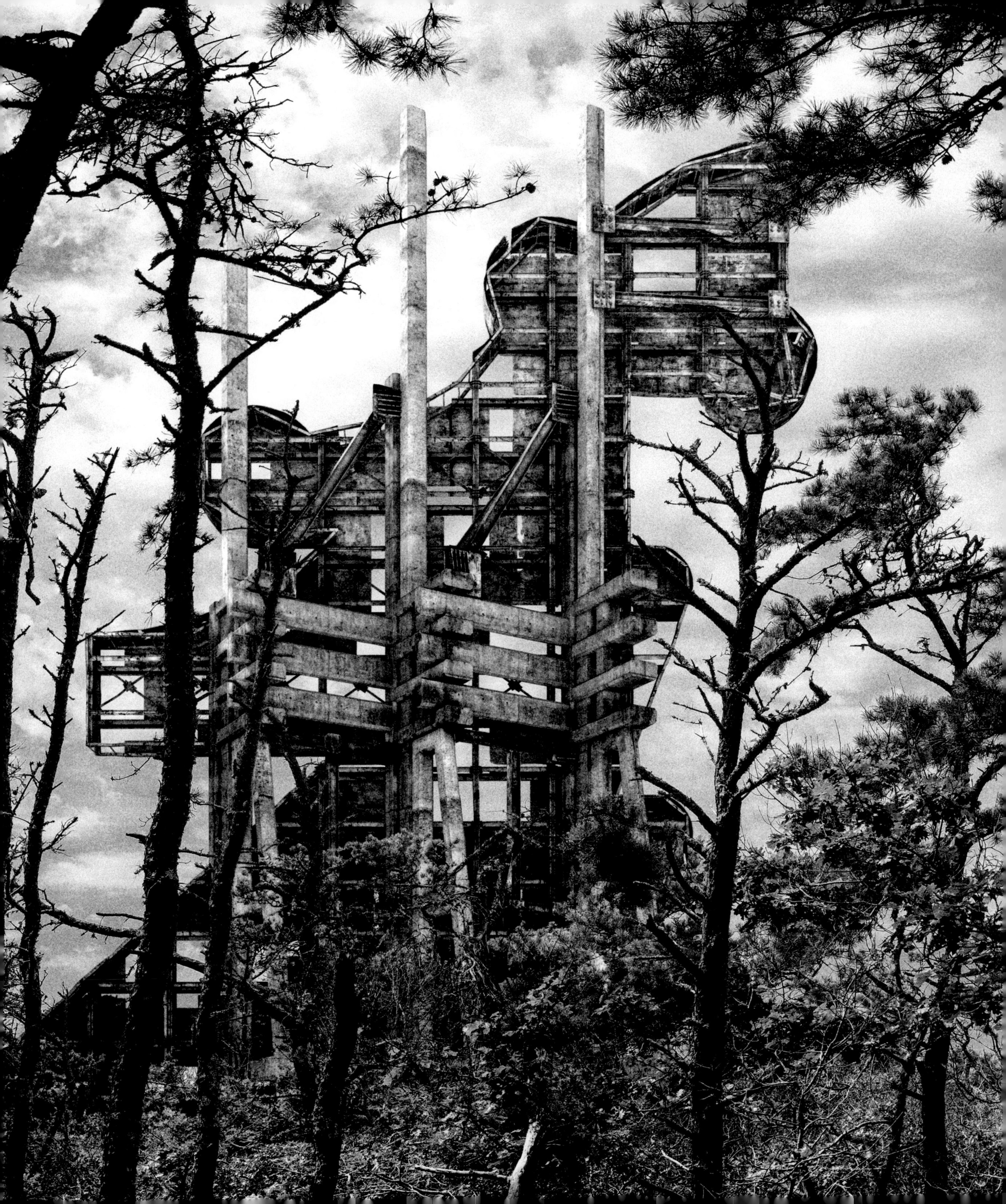

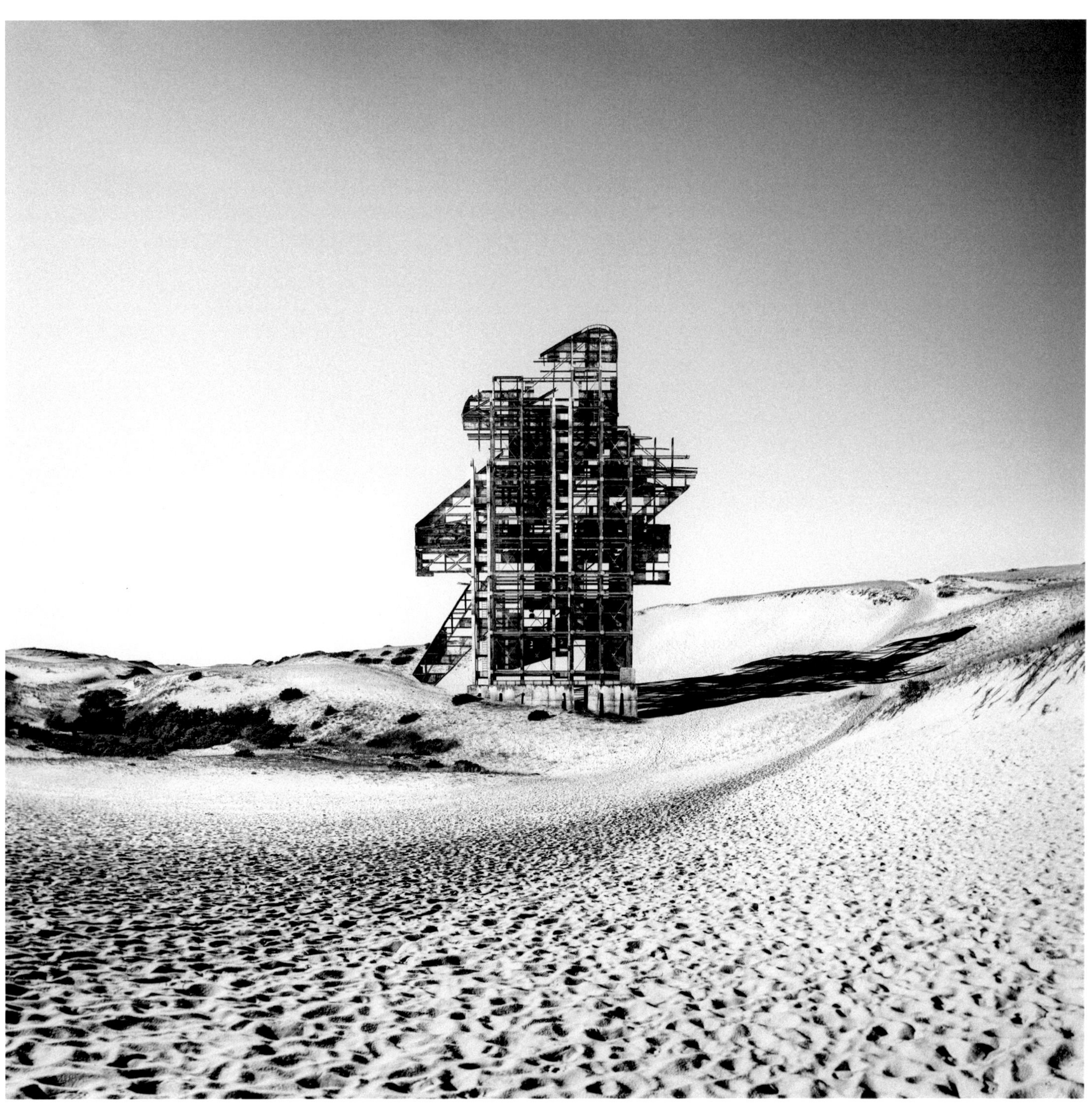

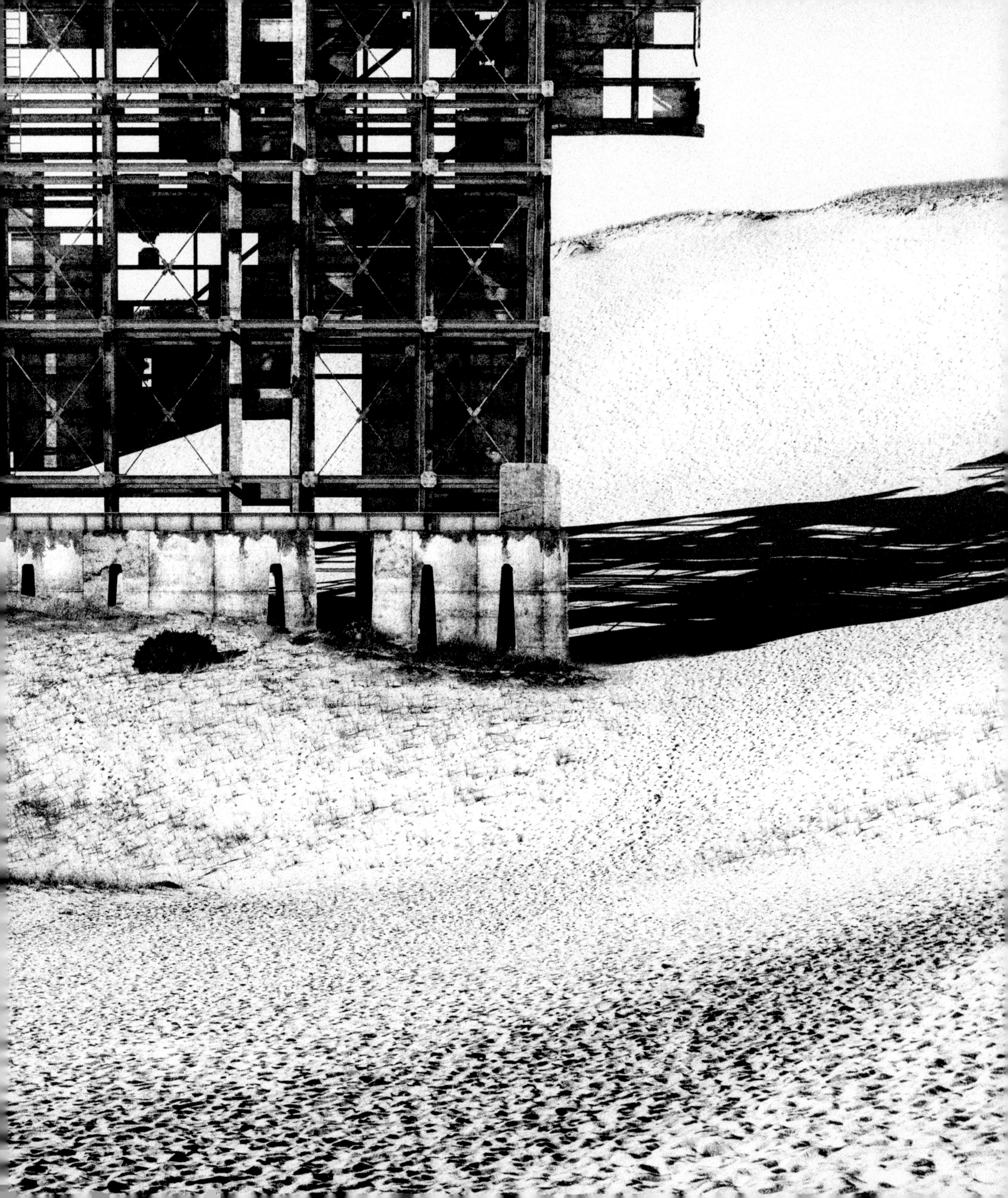

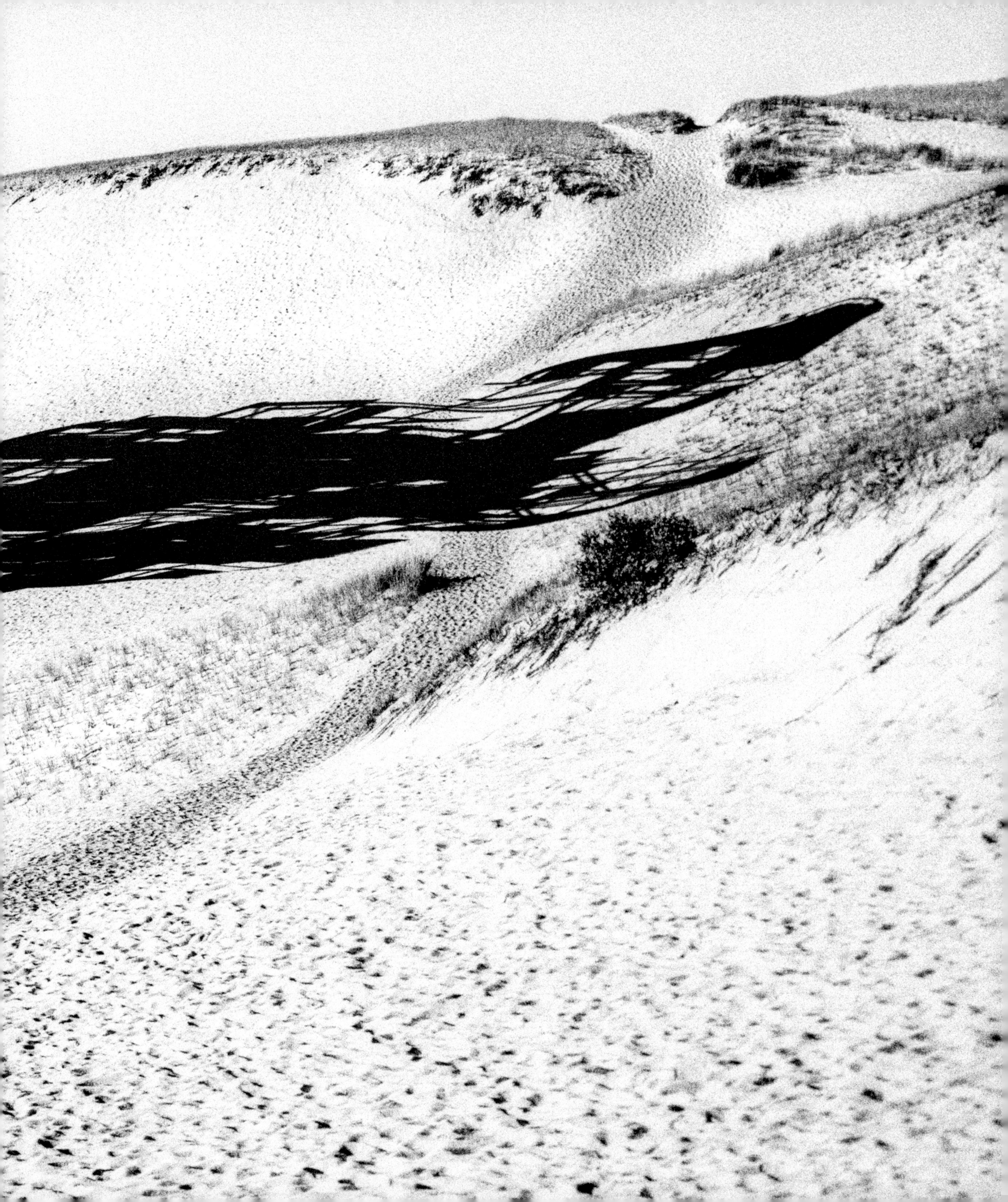

MONUMENTO AL HOMBRE INCOMPLETO

MONUMENT TO THE INCOMPLETE MAN

SERIE

▬

ESCULTURA / ACERO AL CARBONO
DIMENSIONES VARIABLES
2018 — 2020
SCULPTURE / CARBON STEEL
VARIABLE DIMENSIONS

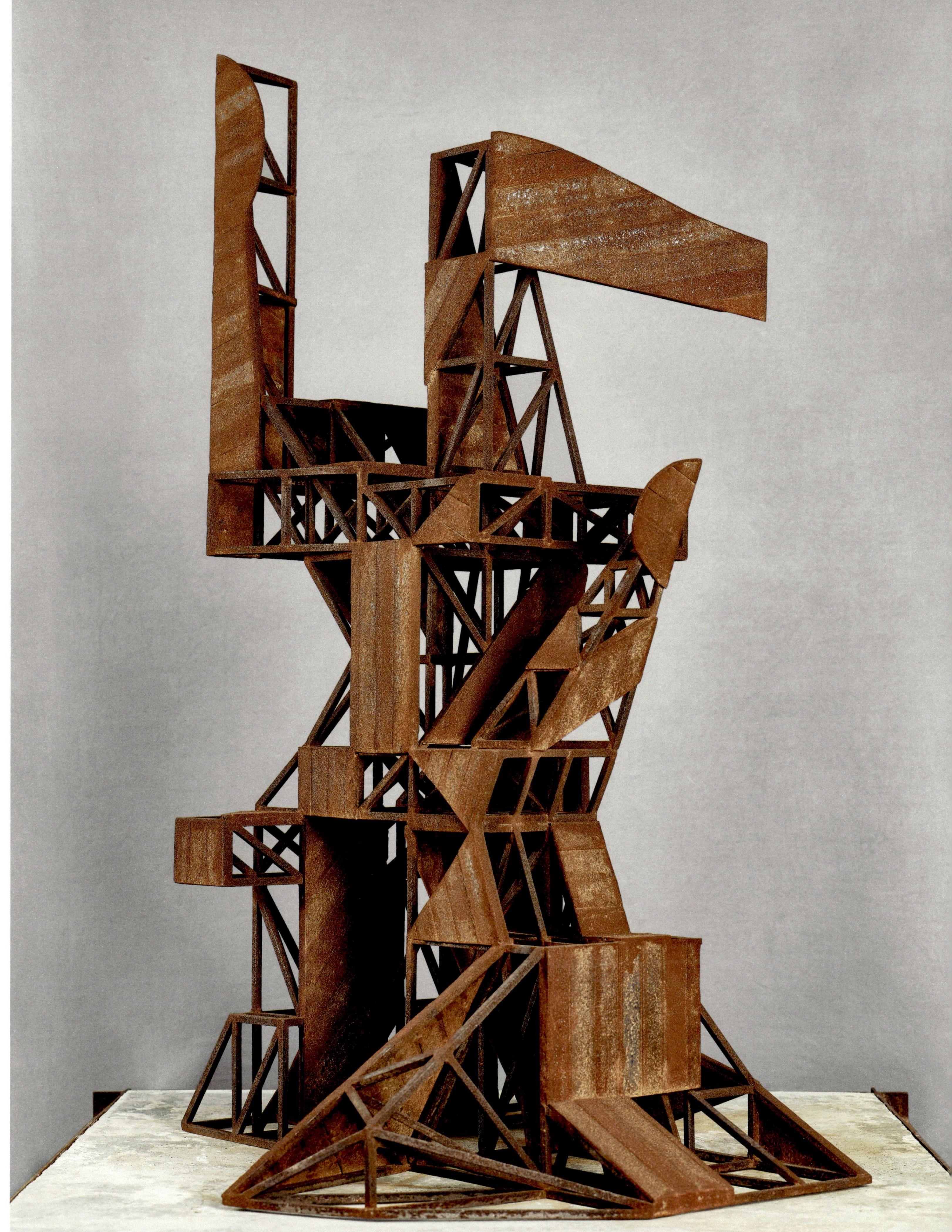

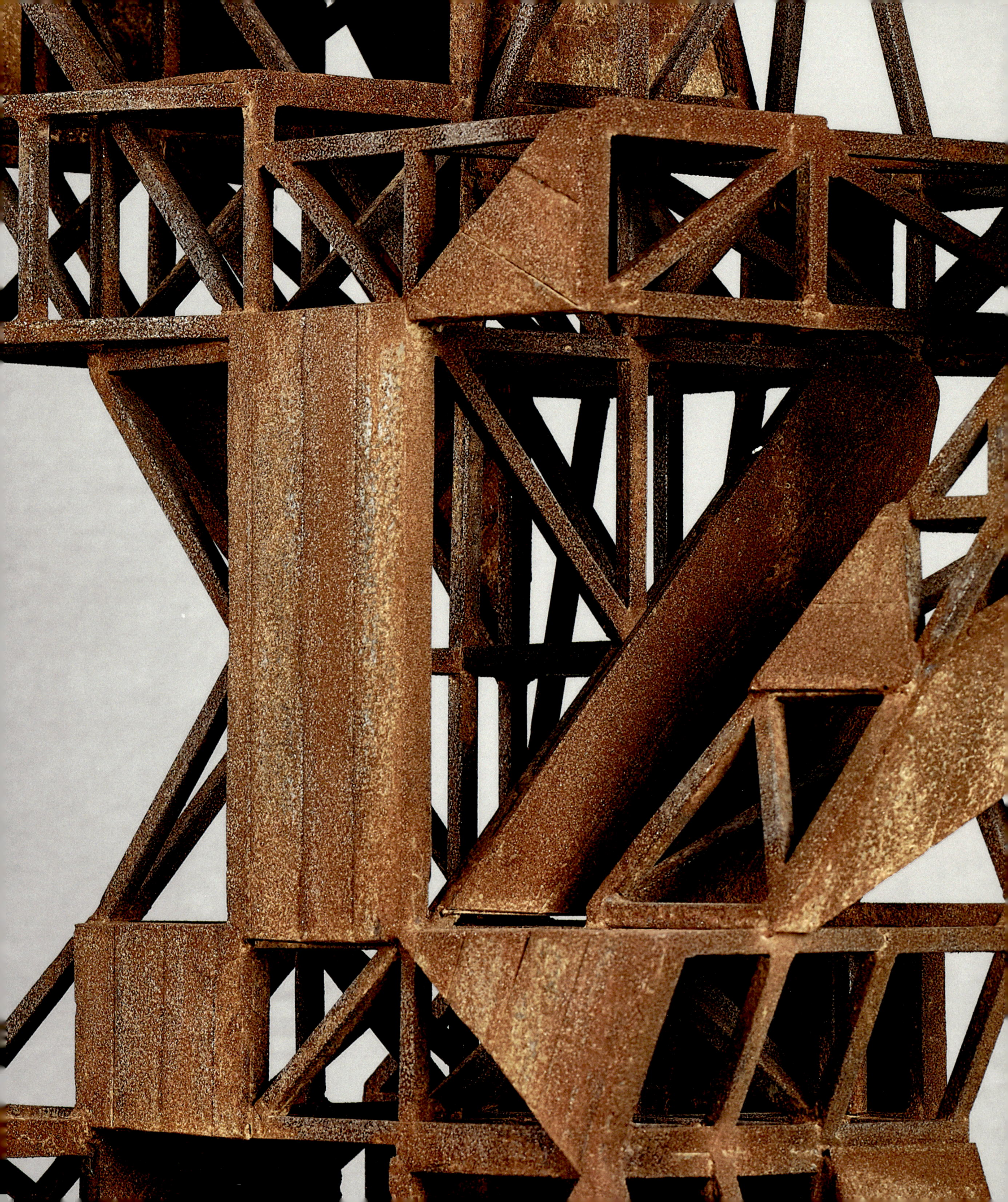

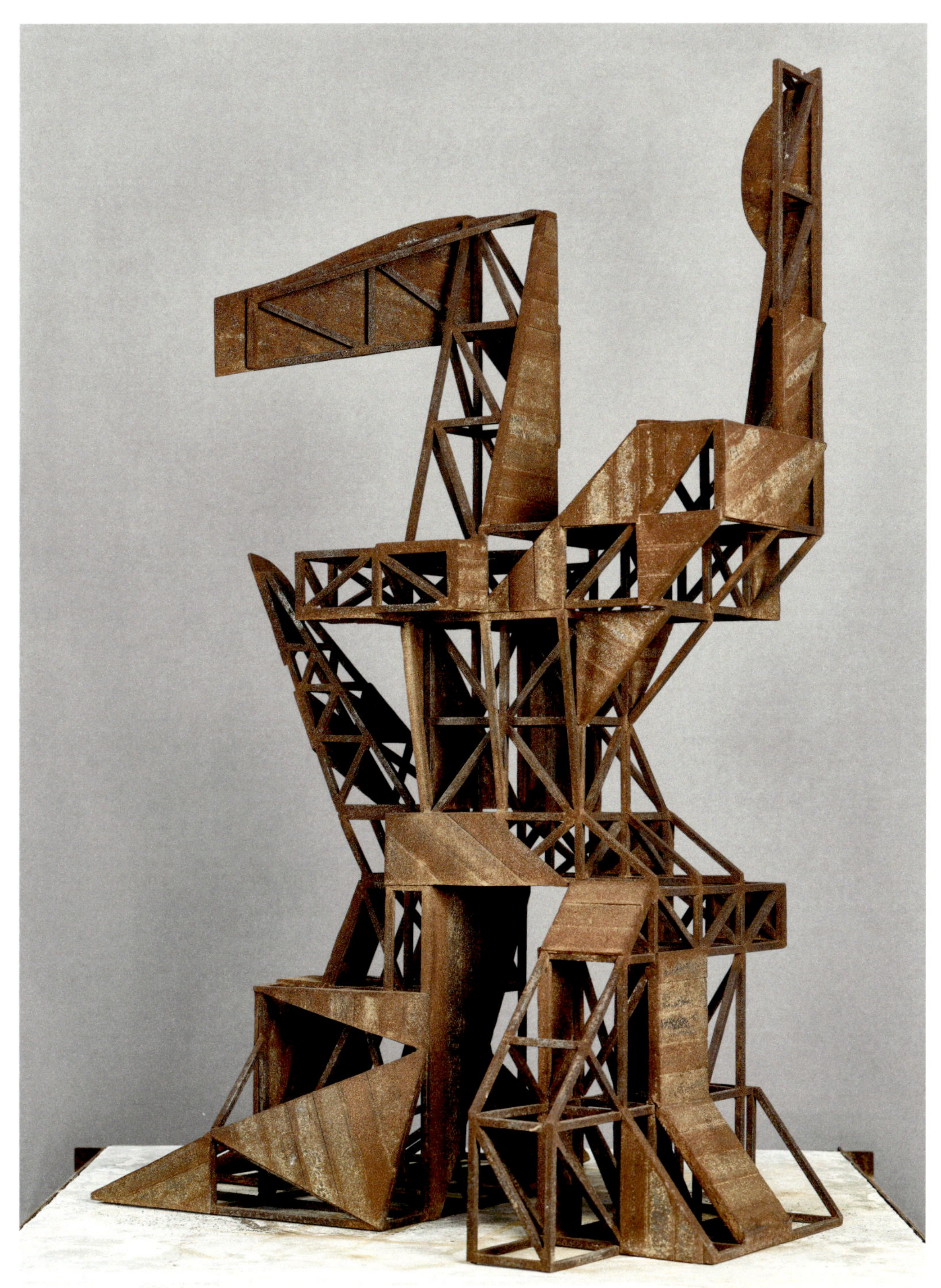

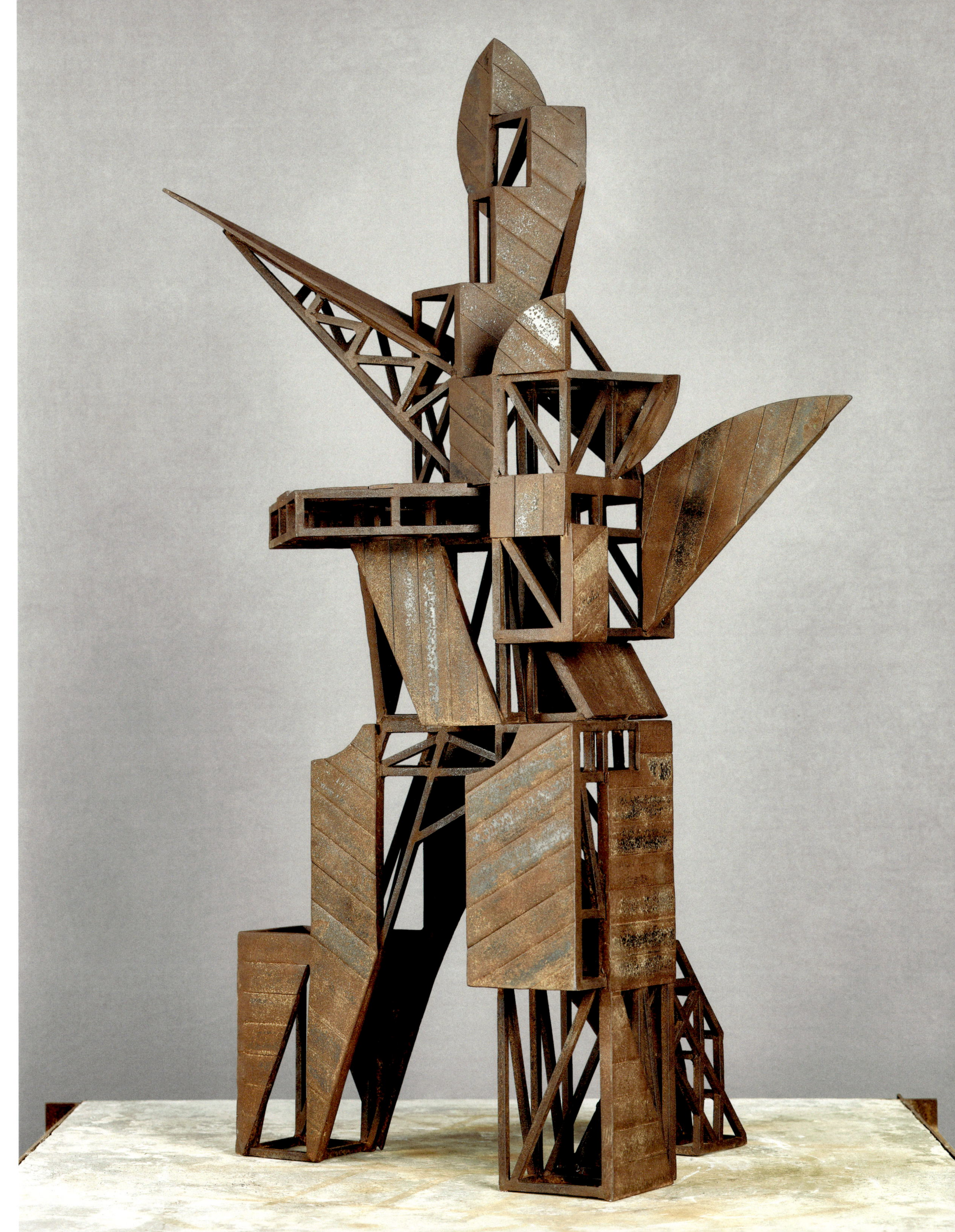

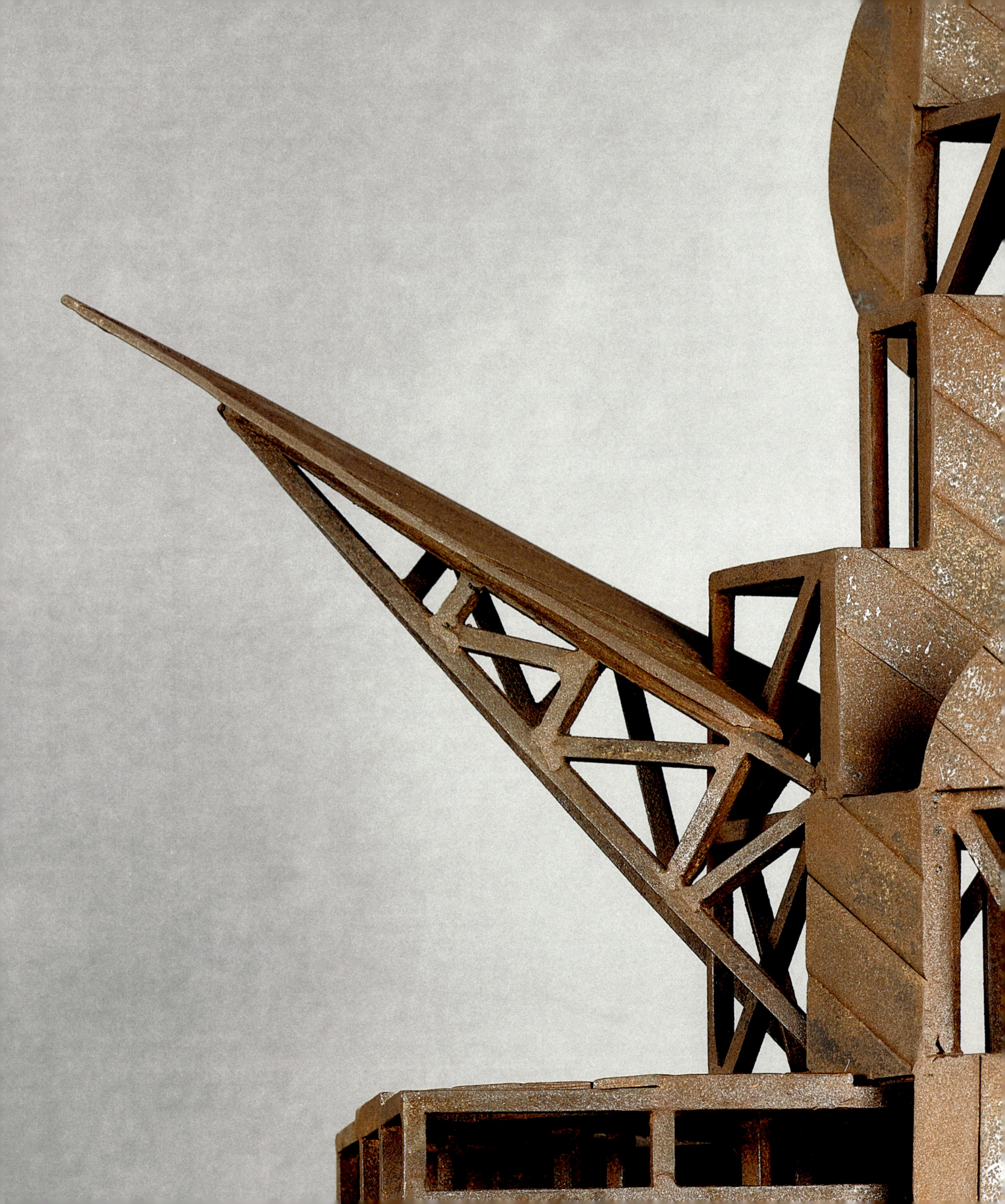

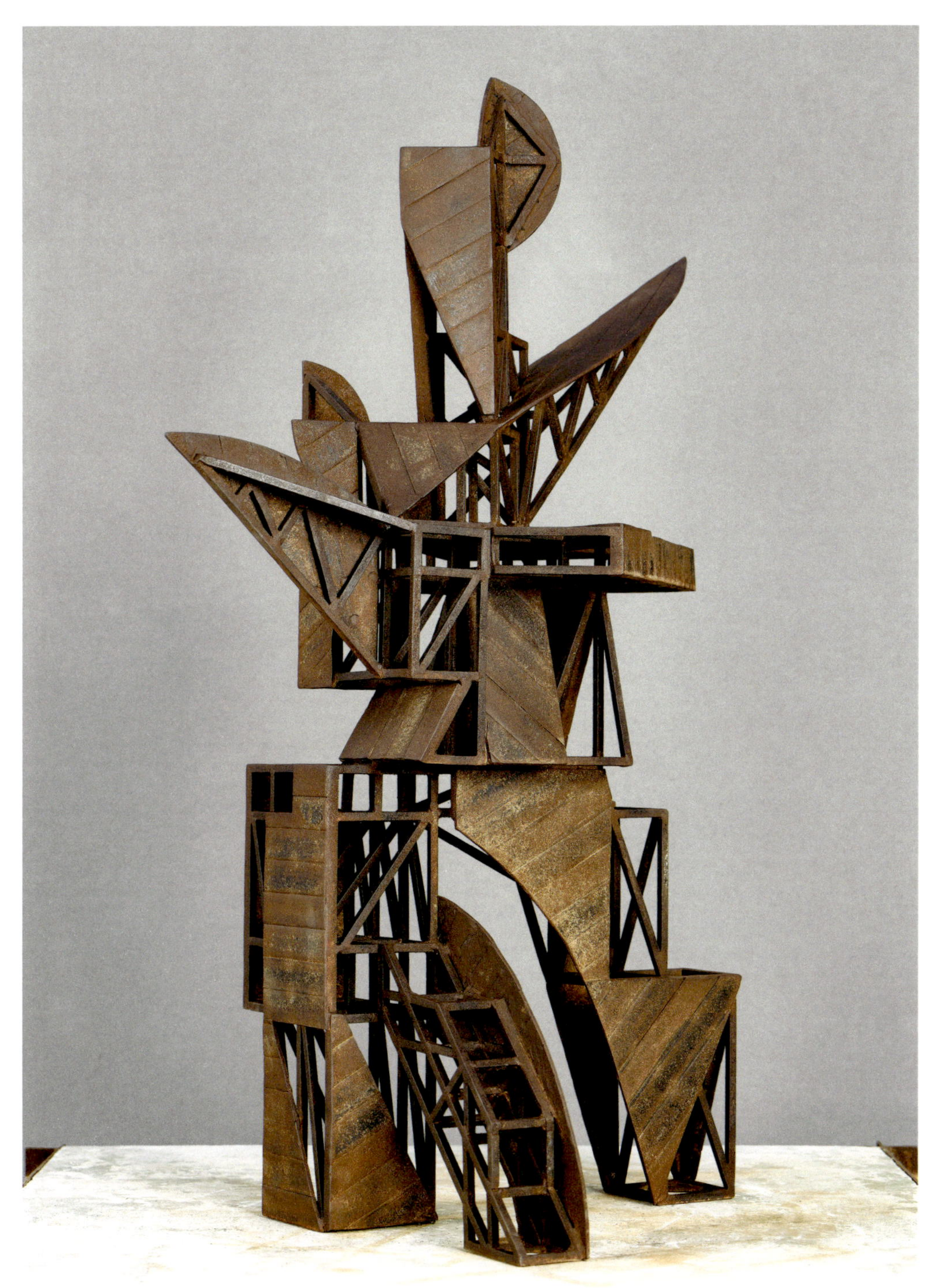

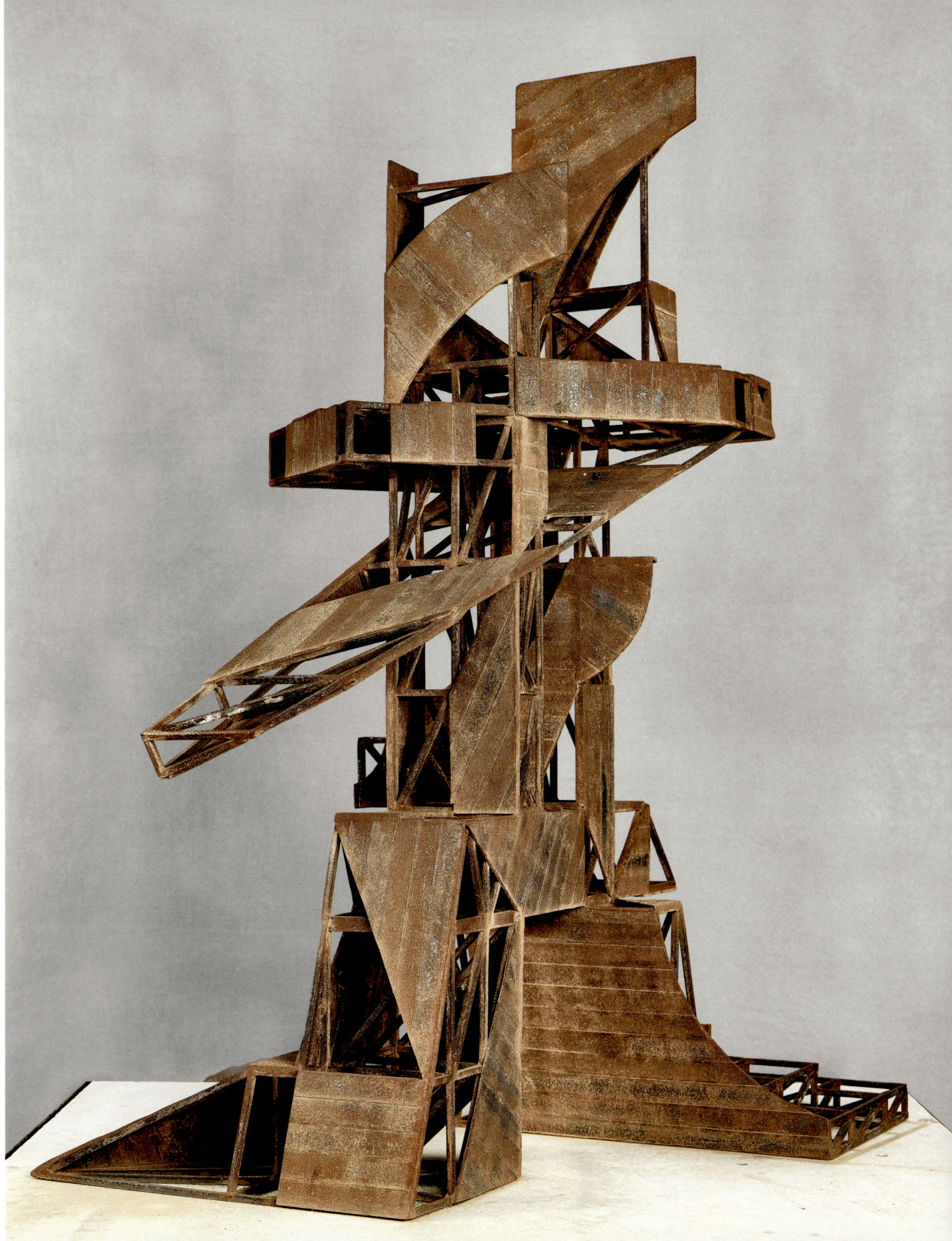

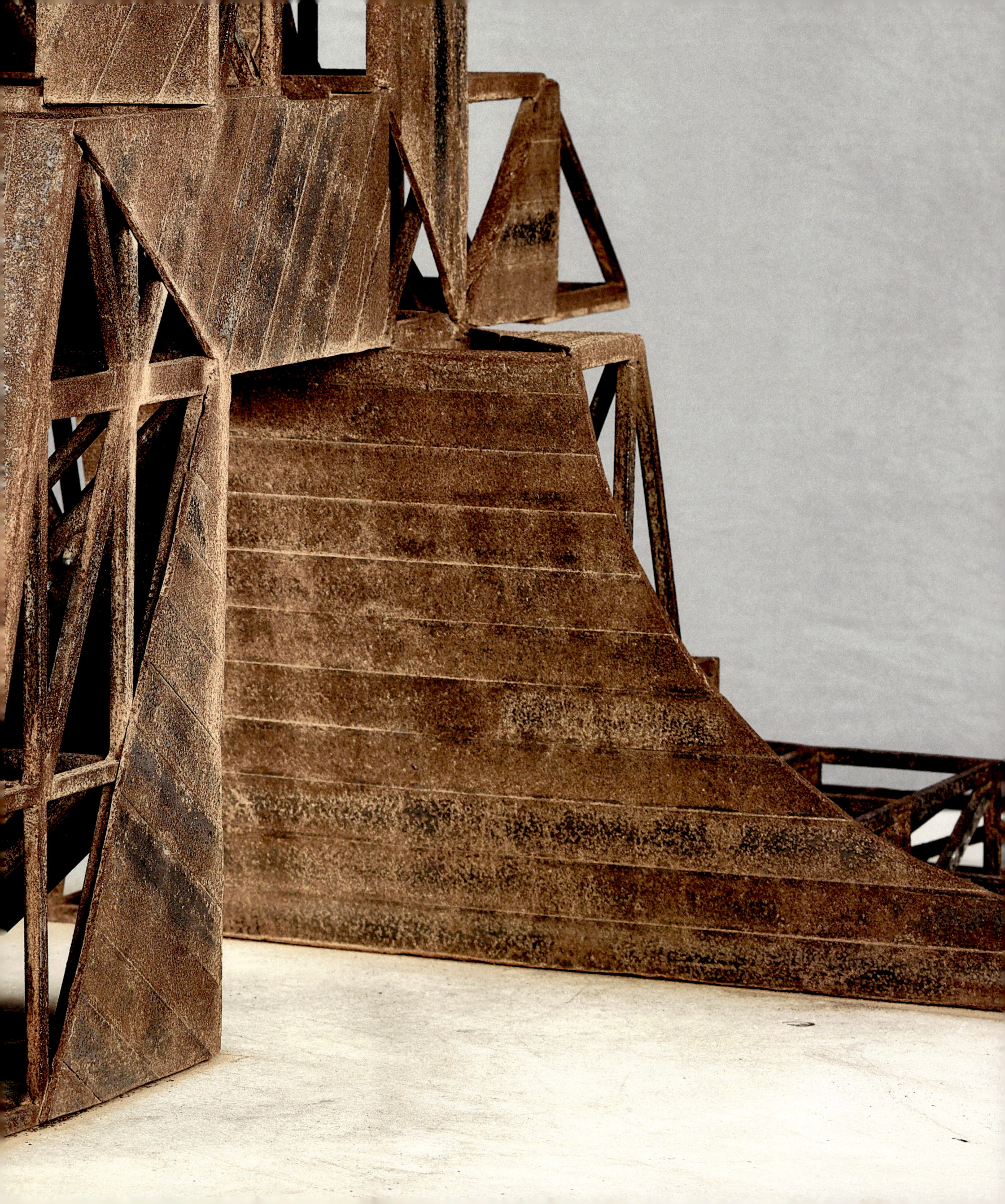

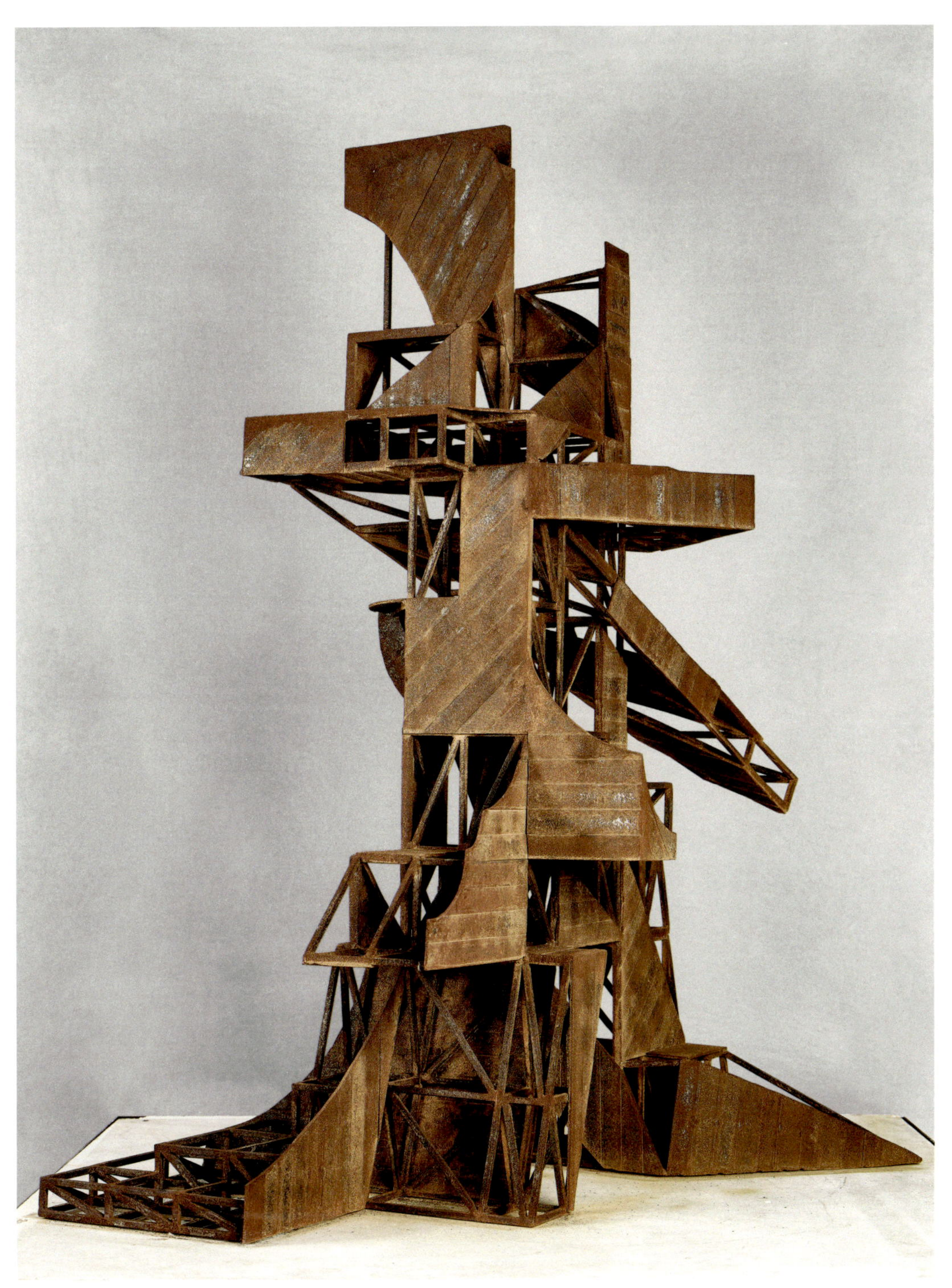

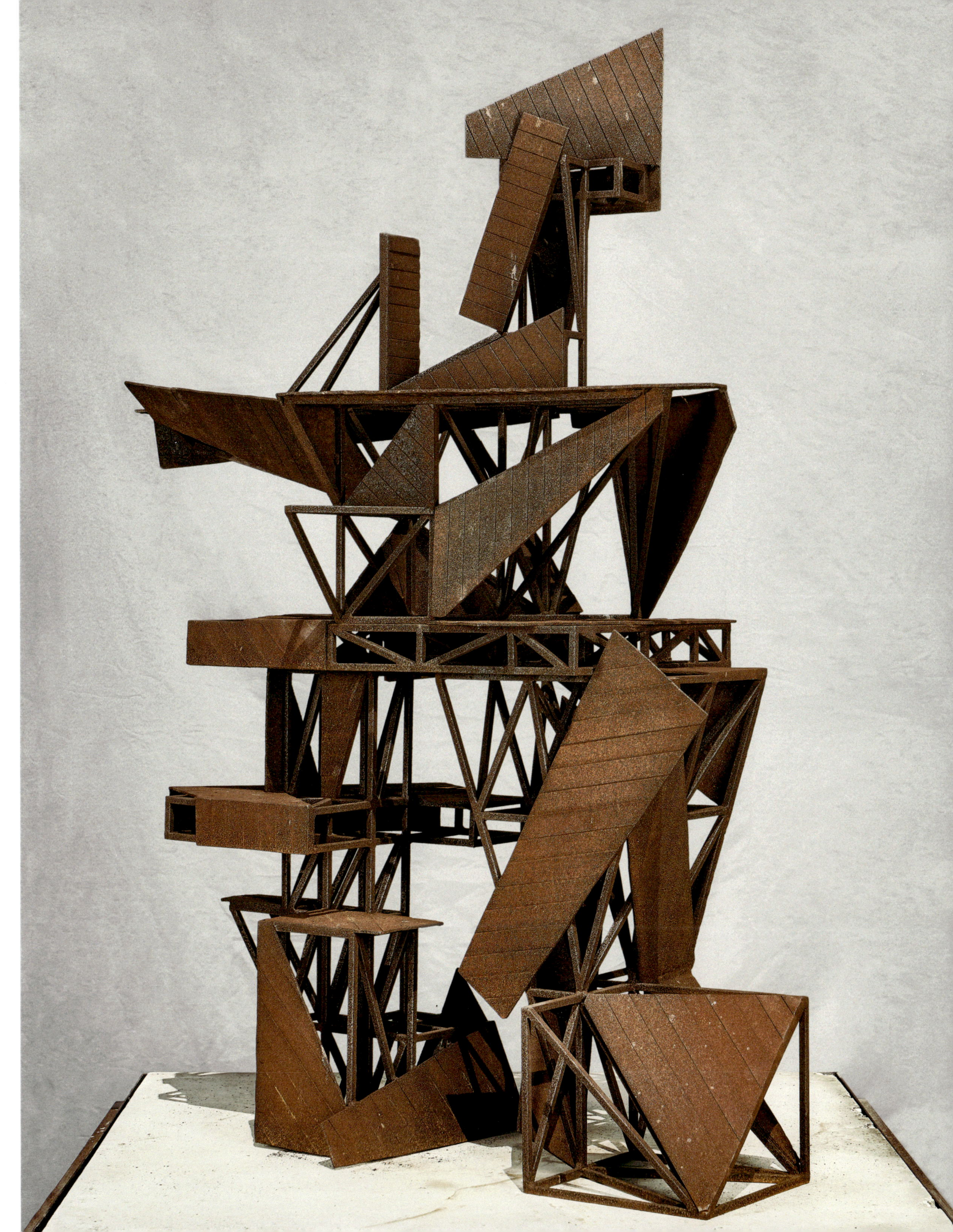

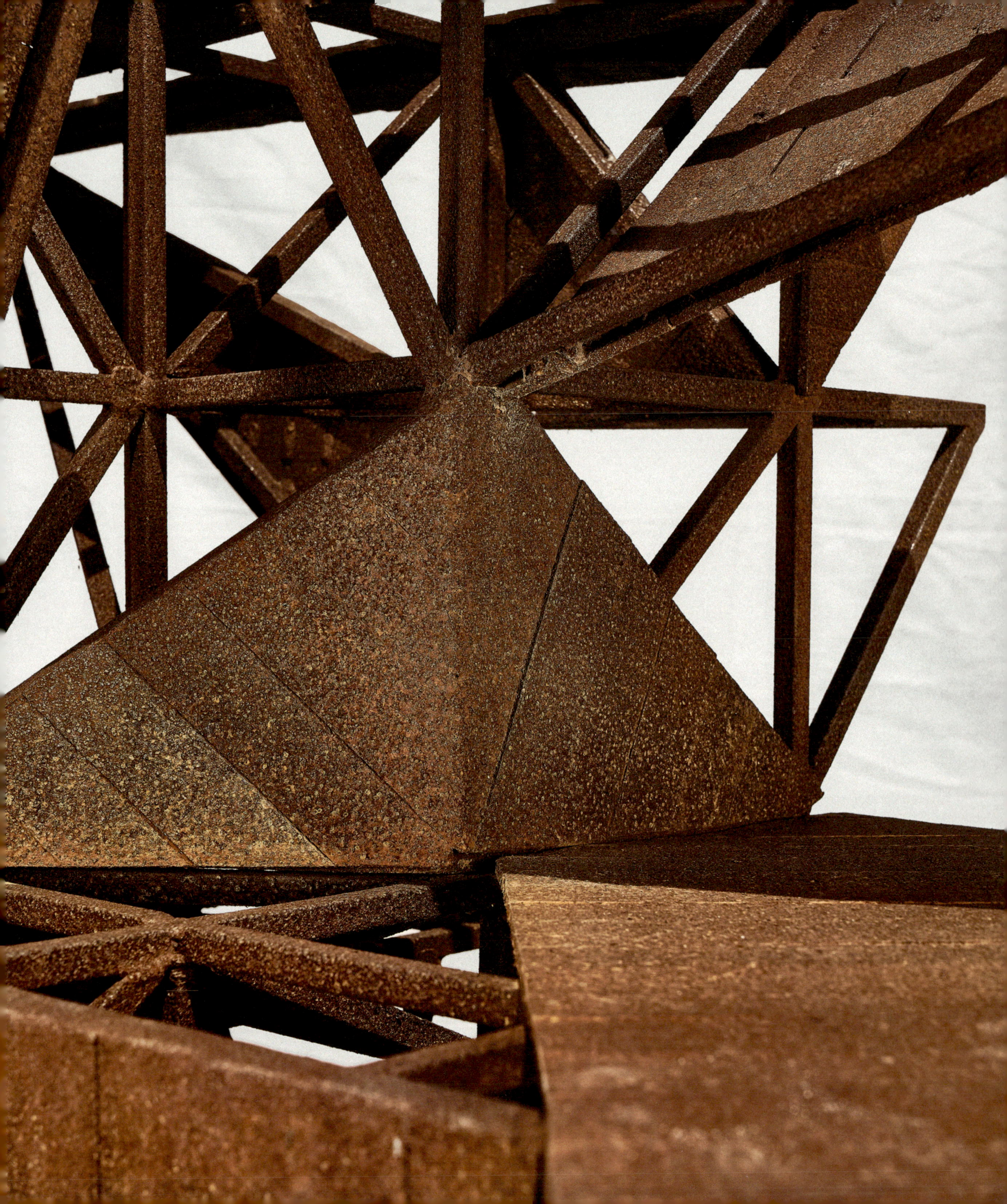

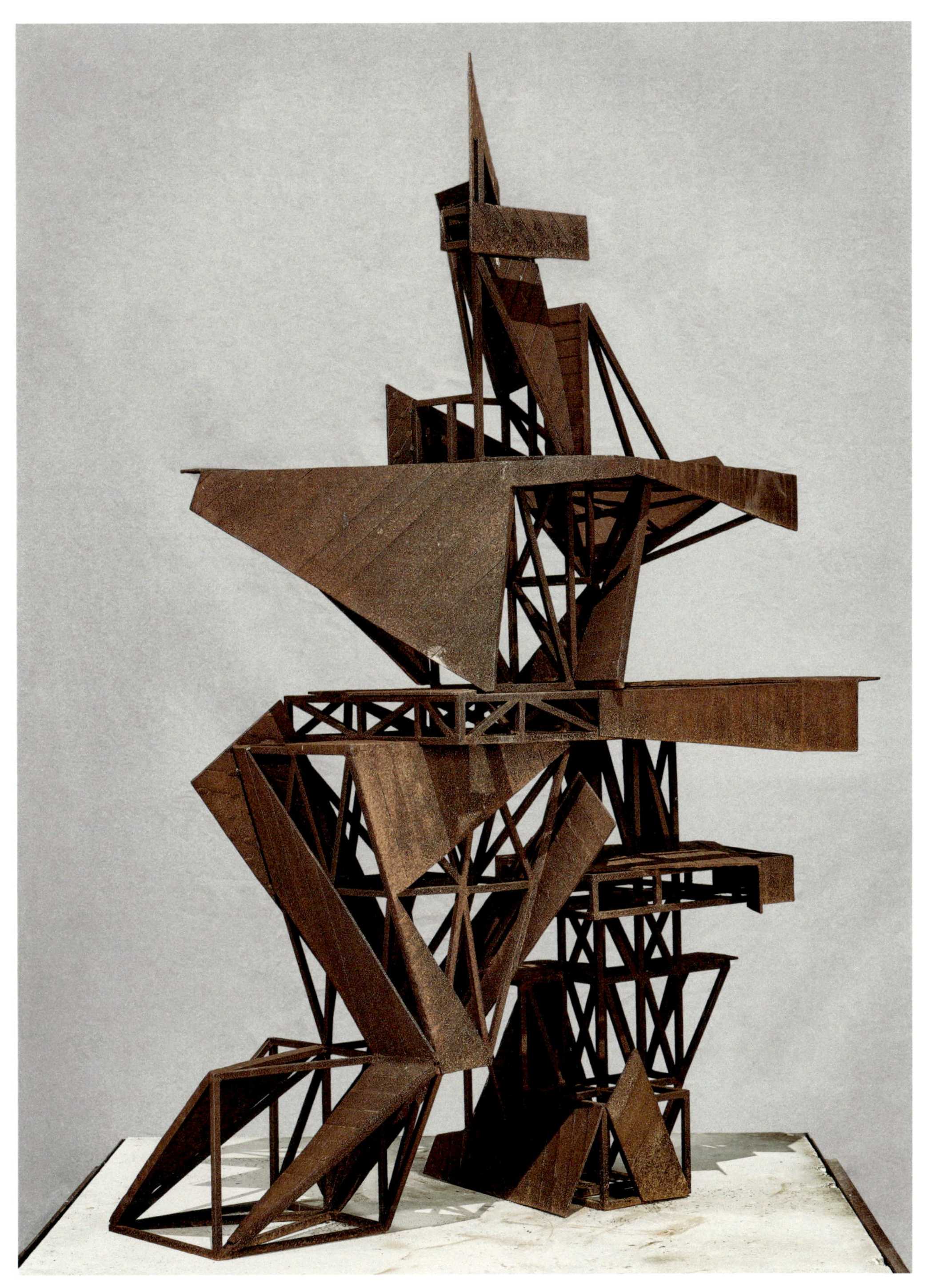

MONUMENTO AL HOMBRE INCOMPLETO

EXPOSICIÓN INDIVIDUAL
SOLO EXHIBITION

CENTRO DE DESARROLLO DE LAS ARTES VISUALES
LA HABANA, CUBA
DICIEMBRE / DECEMBER – FEBRERO / FEBRUARY
2018–2019

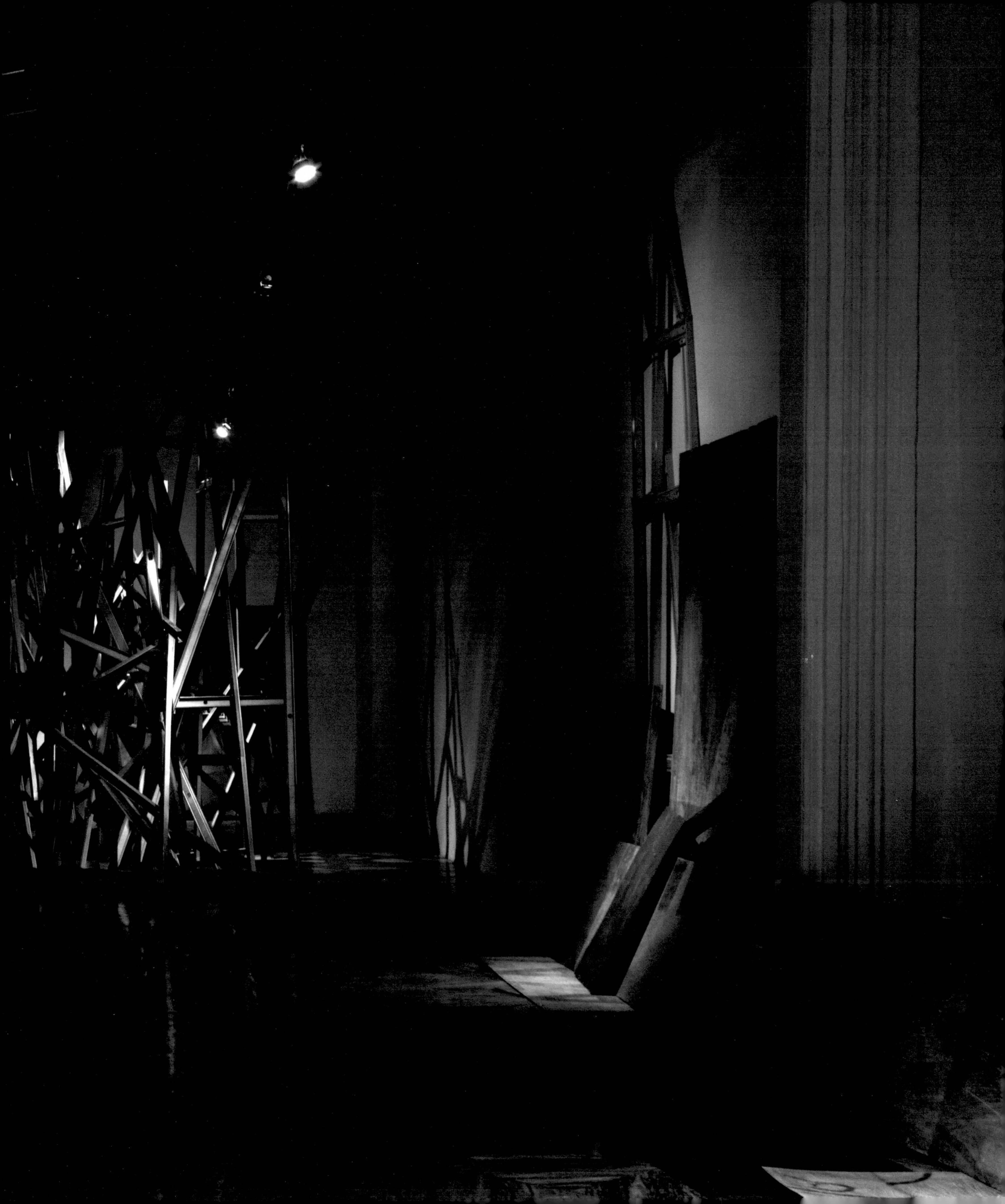

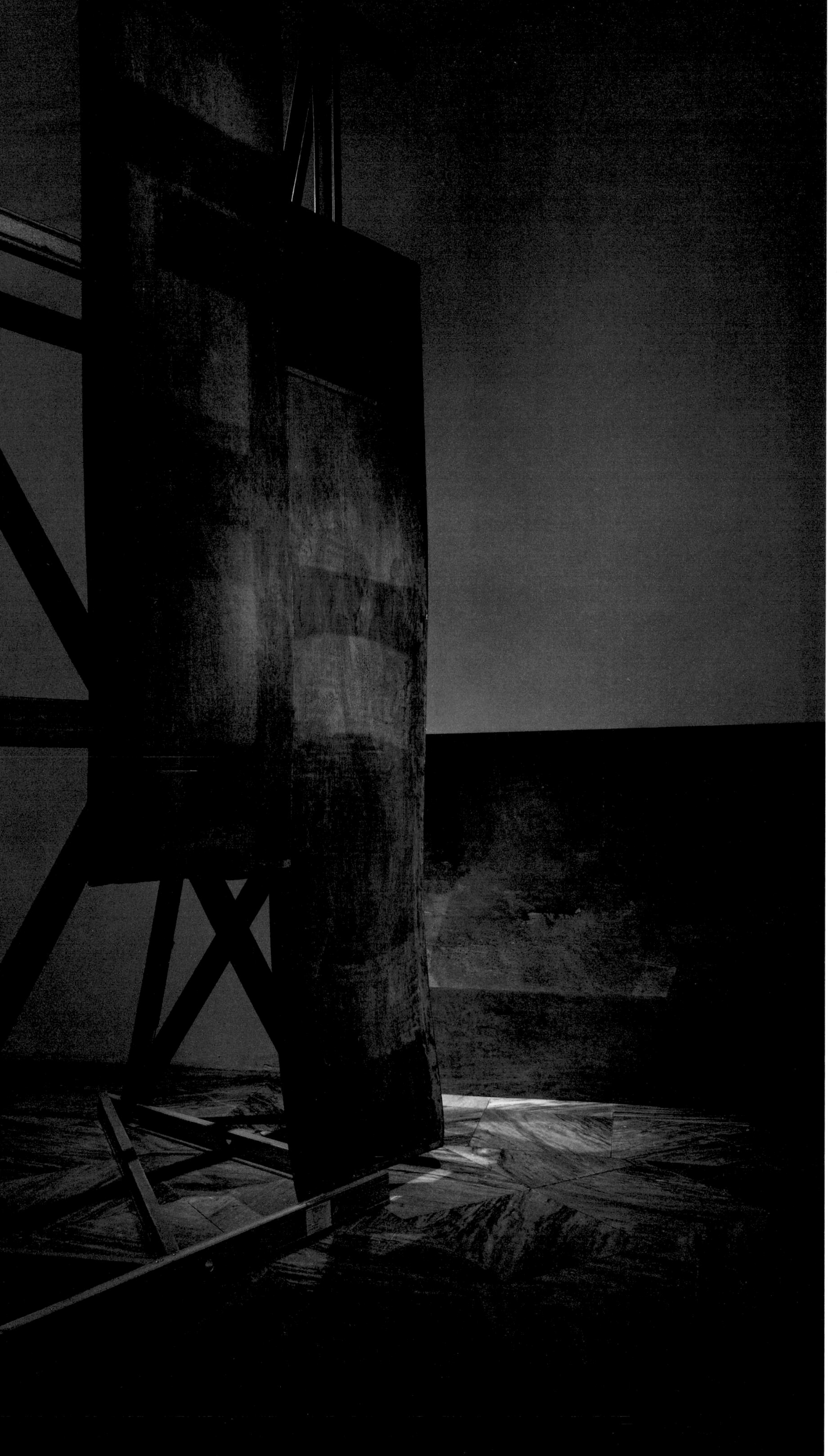

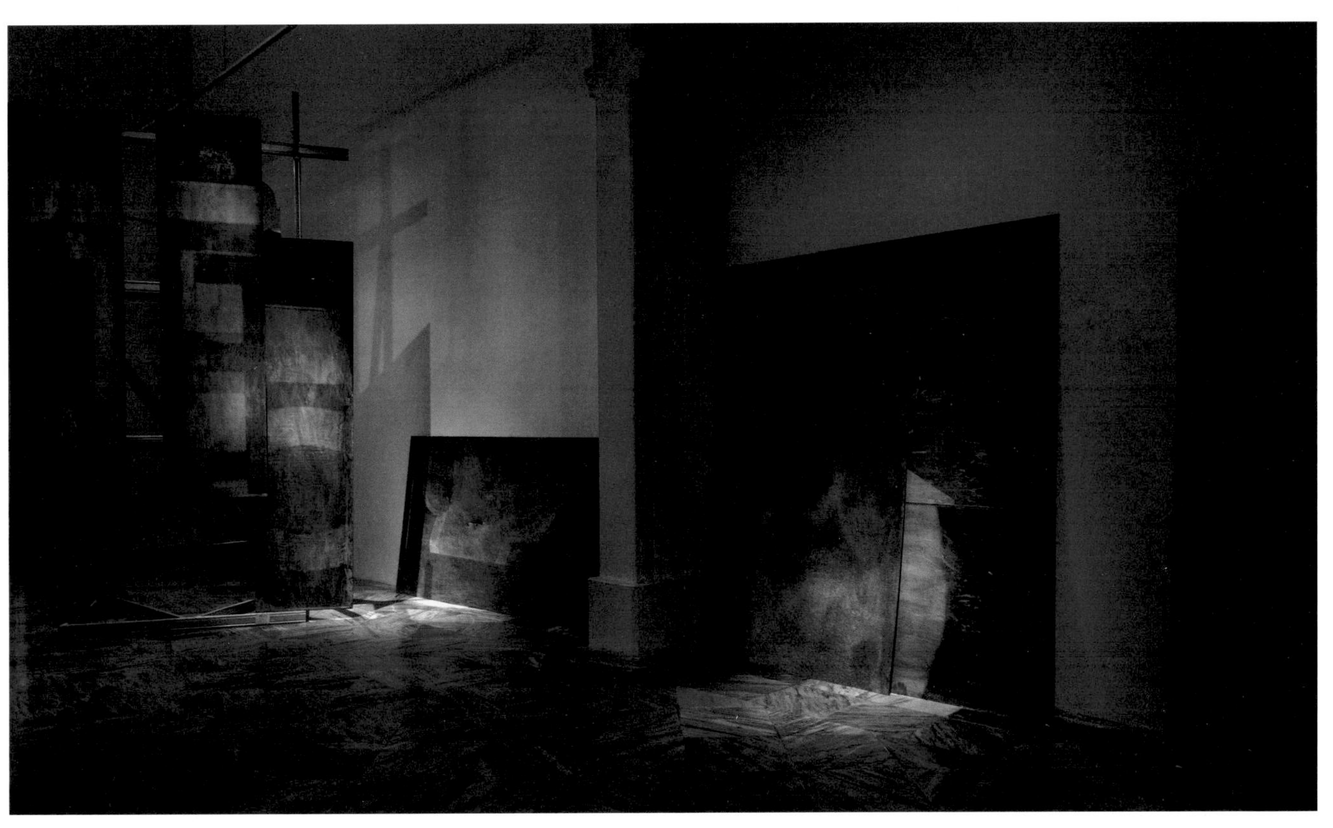

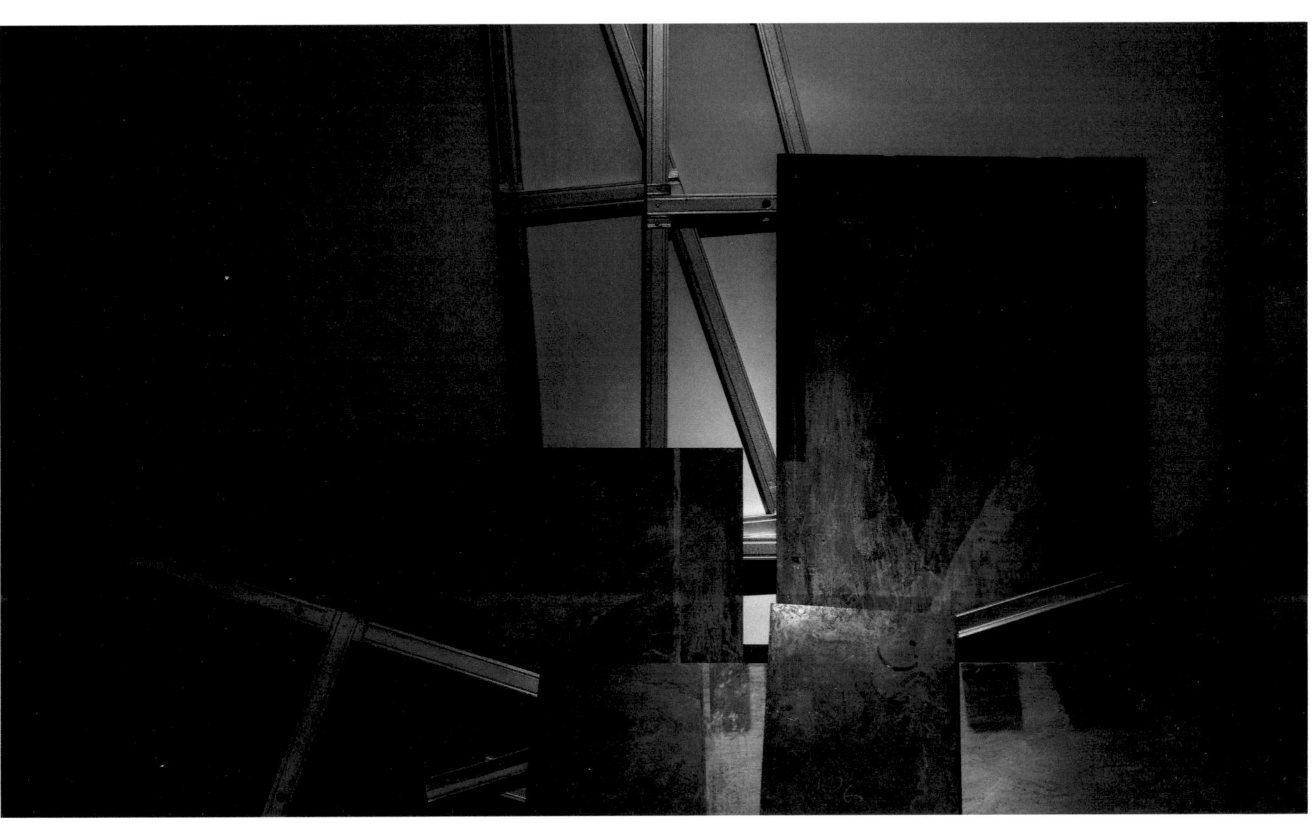

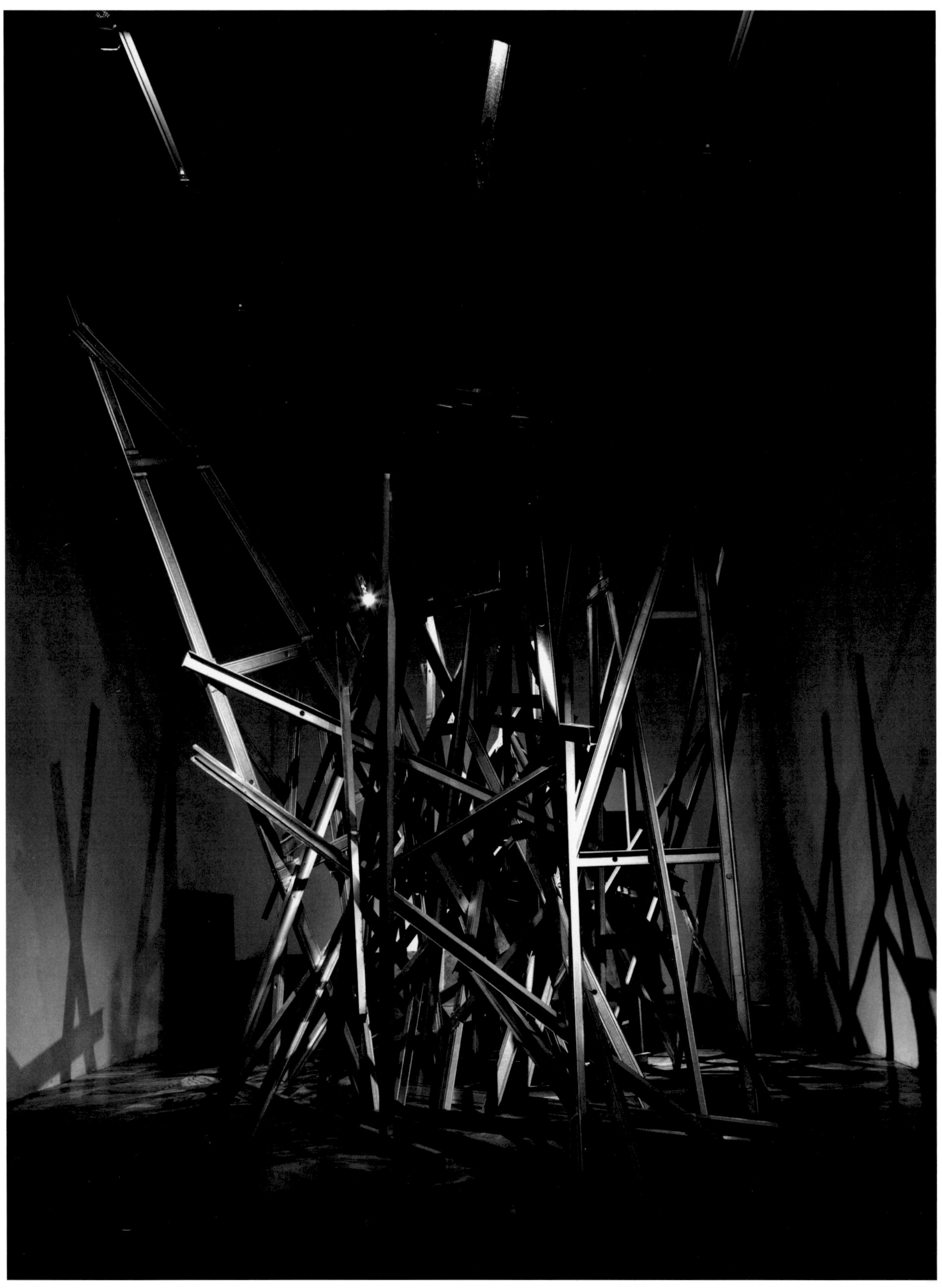

 INSTALACIÓN / ESTRUCTURA DE METAL, PLACA DE METAL, PAPEL, IMPRESIÓN INKJET / DIMENSIONES VARIABLES
INSTALLATION / METAL STUD FRAMING, METAL PLATE, PAPER, INKJET PRINT / VARIABLE DIMENSIONS

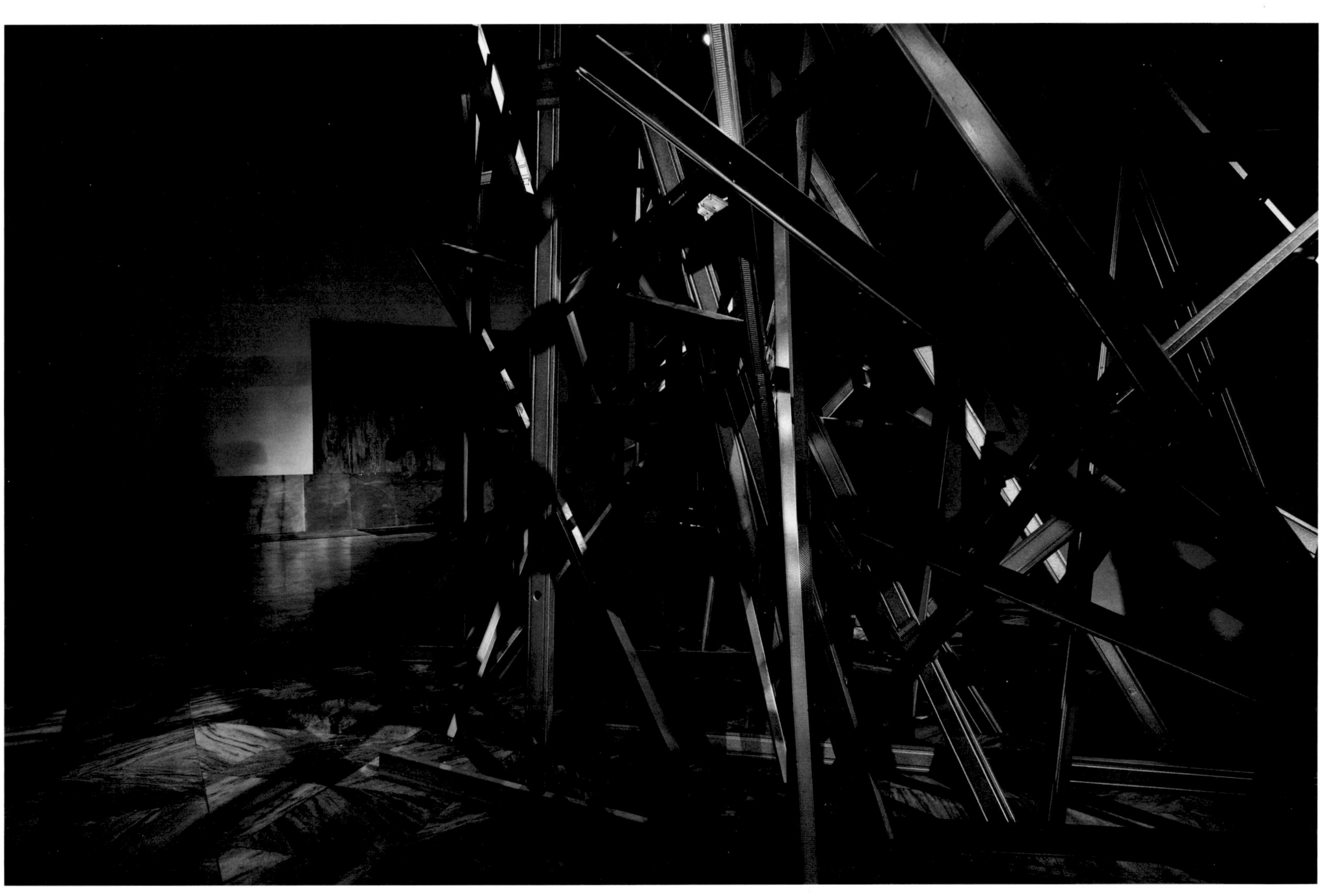

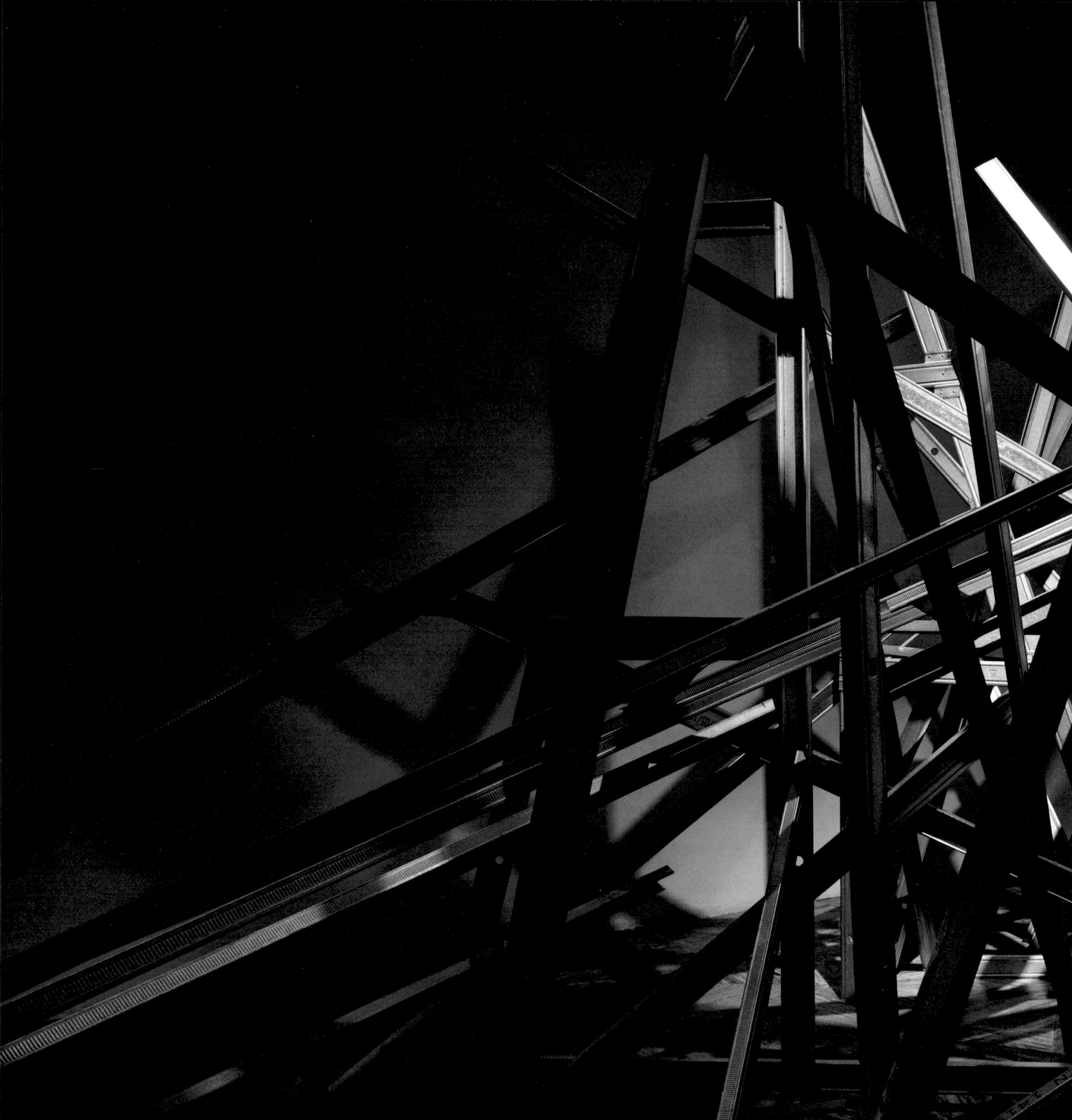

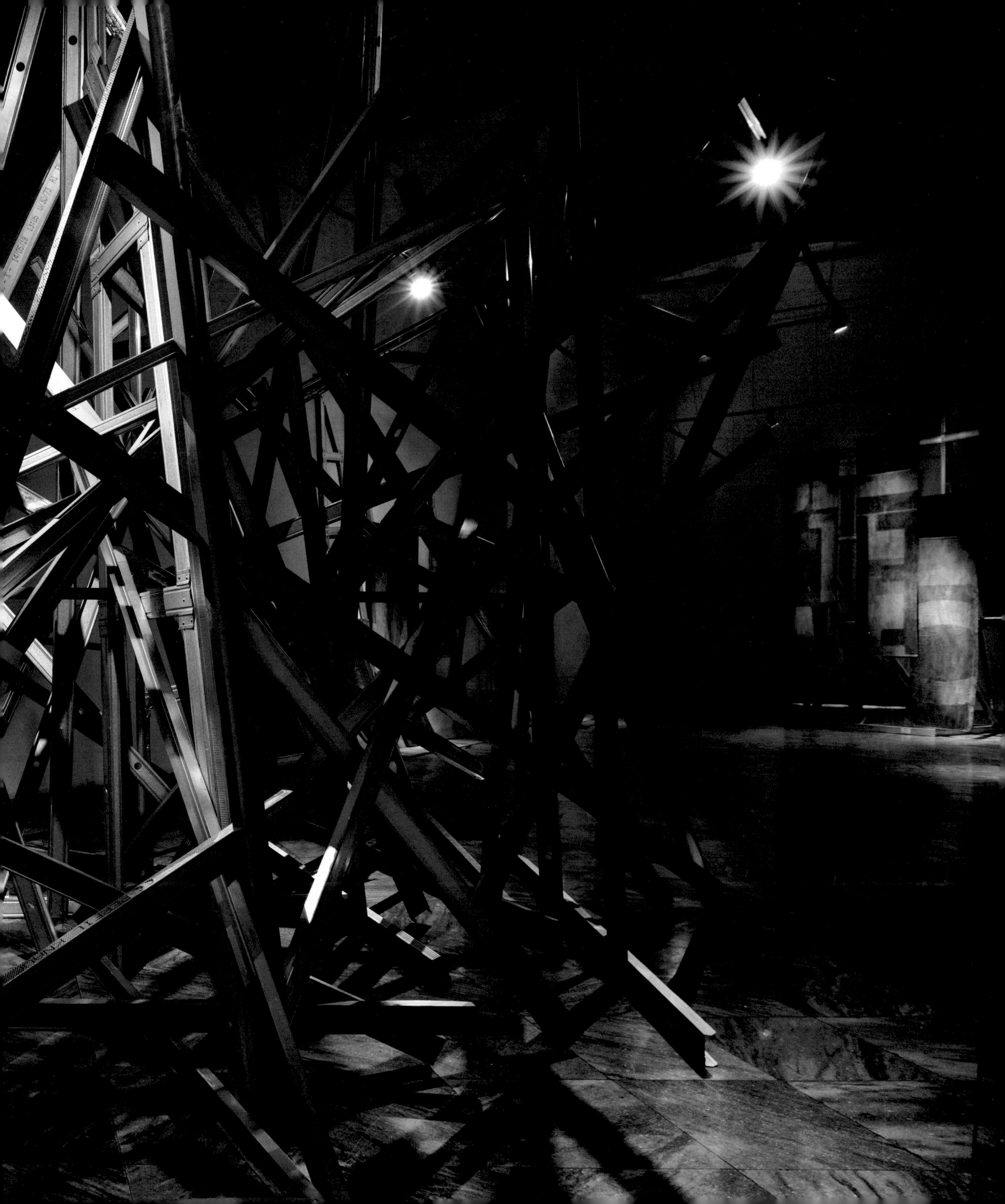

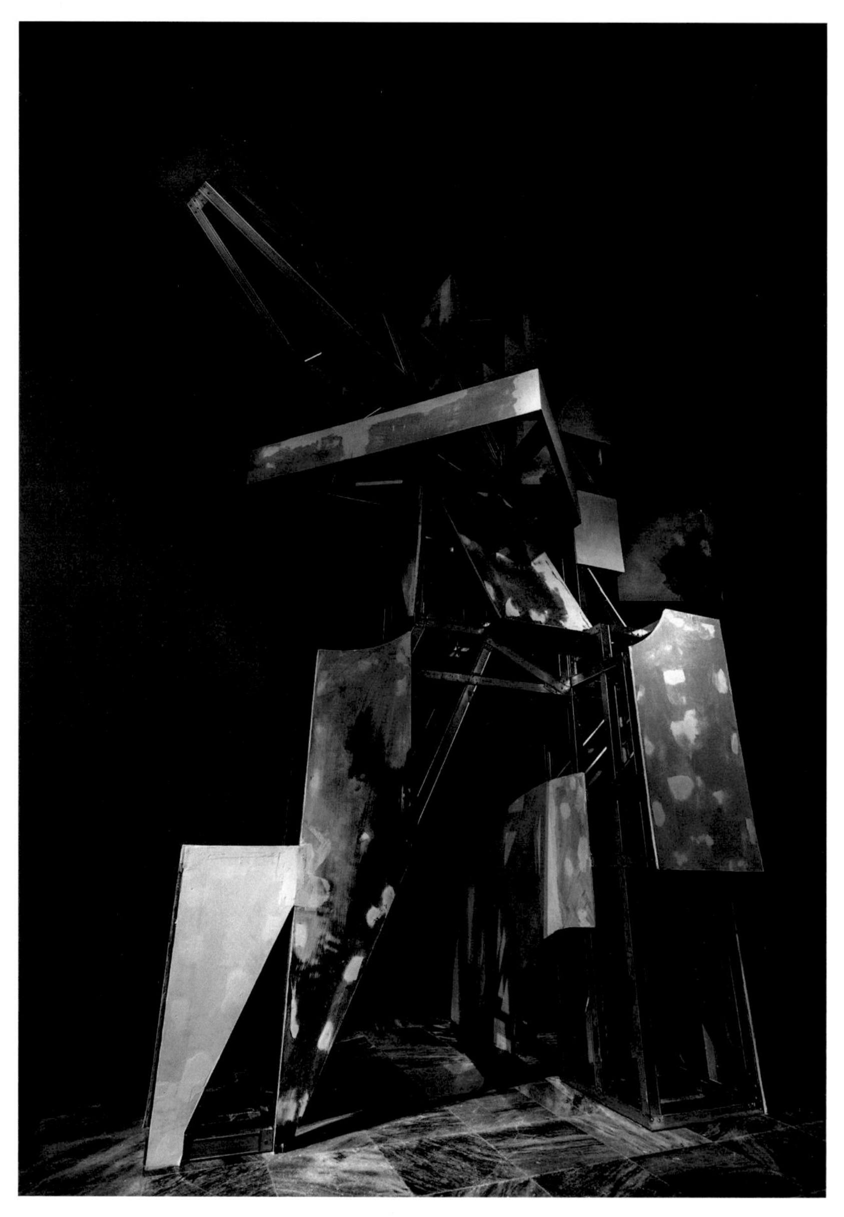

MONUMENTO AL HOMBRE INCOMPLETO — No. 05 — 2018   ESTRUCTURA DE METAL, PLACA DE YESO, PINTURA / 3 x 2,5 x 5 m
METAL STUD FRAMING, DRYWALL, PAINT / 9.8 x 8.2 x 16.4 ft

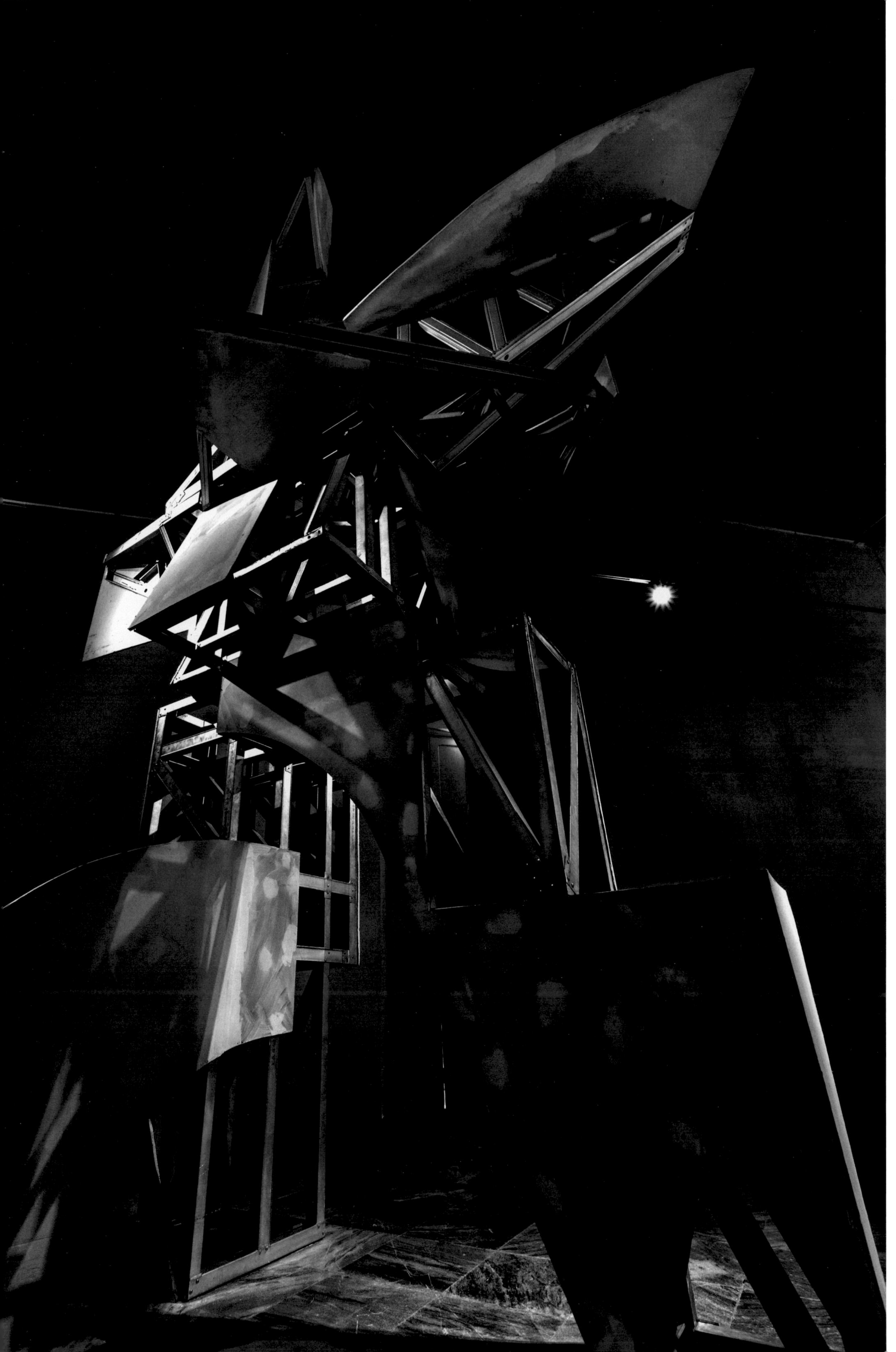

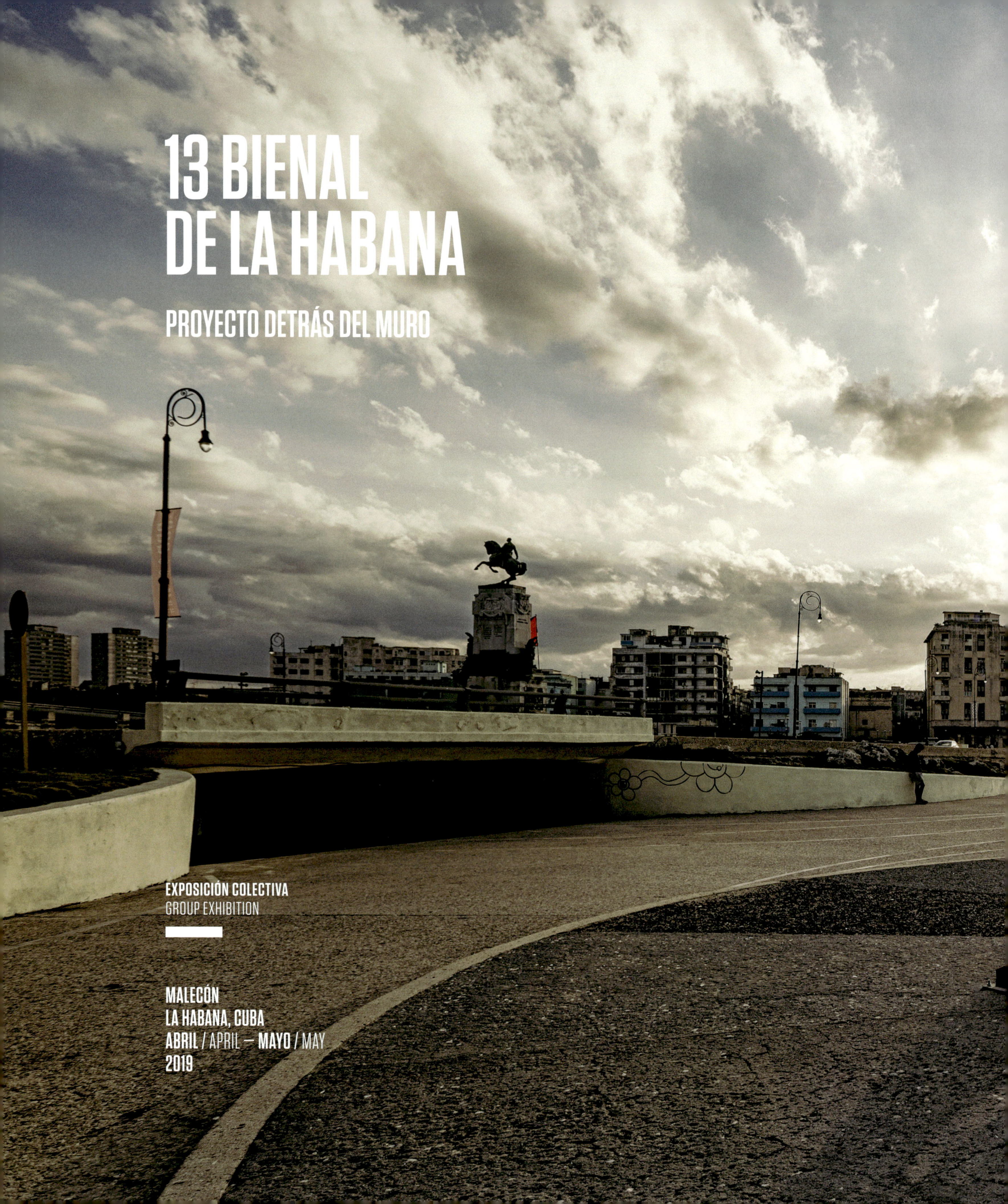

13 BIENAL
DE LA HABANA

PROYECTO DETRÁS DEL MURO

EXPOSICIÓN COLECTIVA
GROUP EXHIBITION

MALECÓN
LA HABANA, CUBA
ABRIL / APRIL — MAYO / MAY
2019

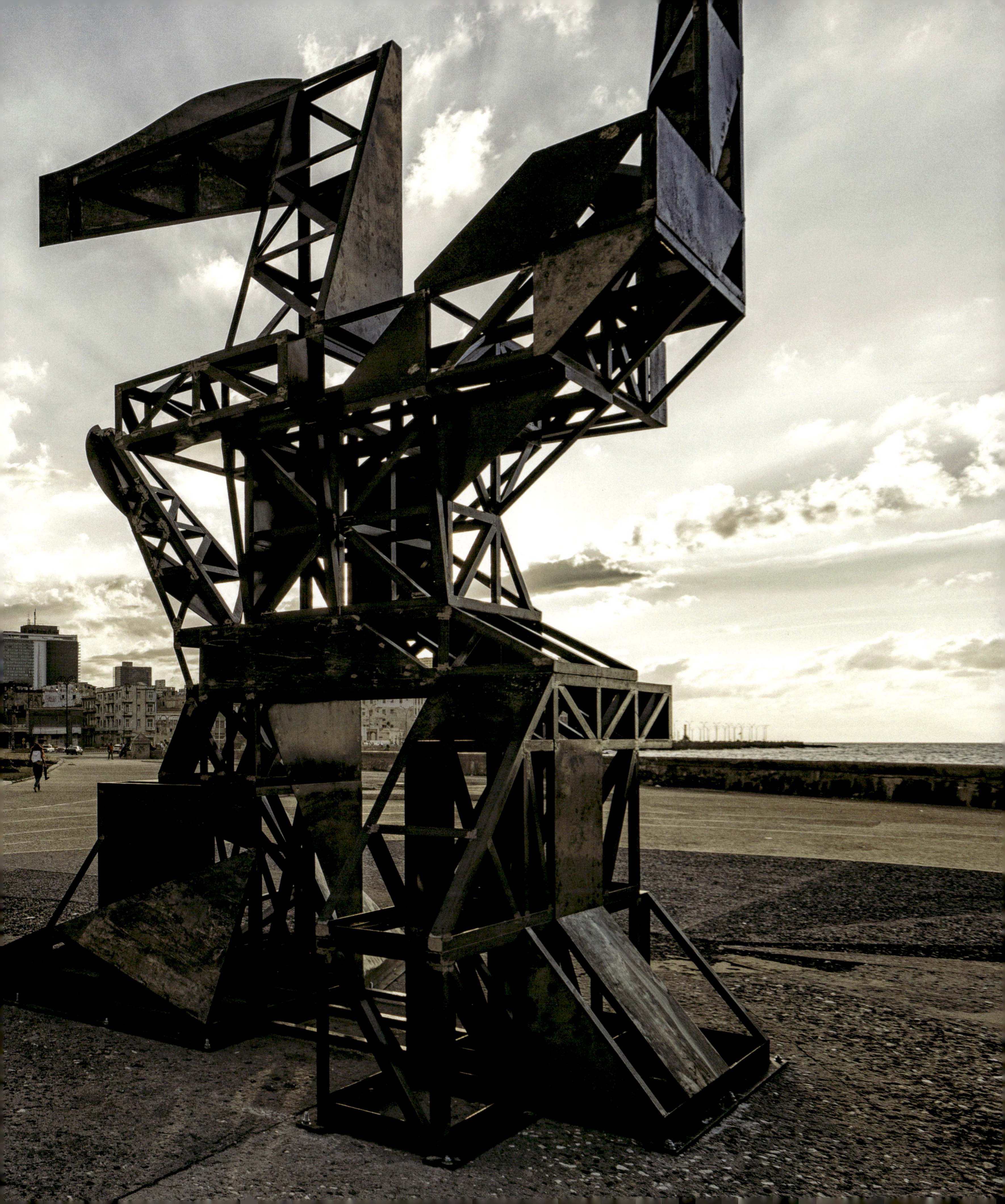

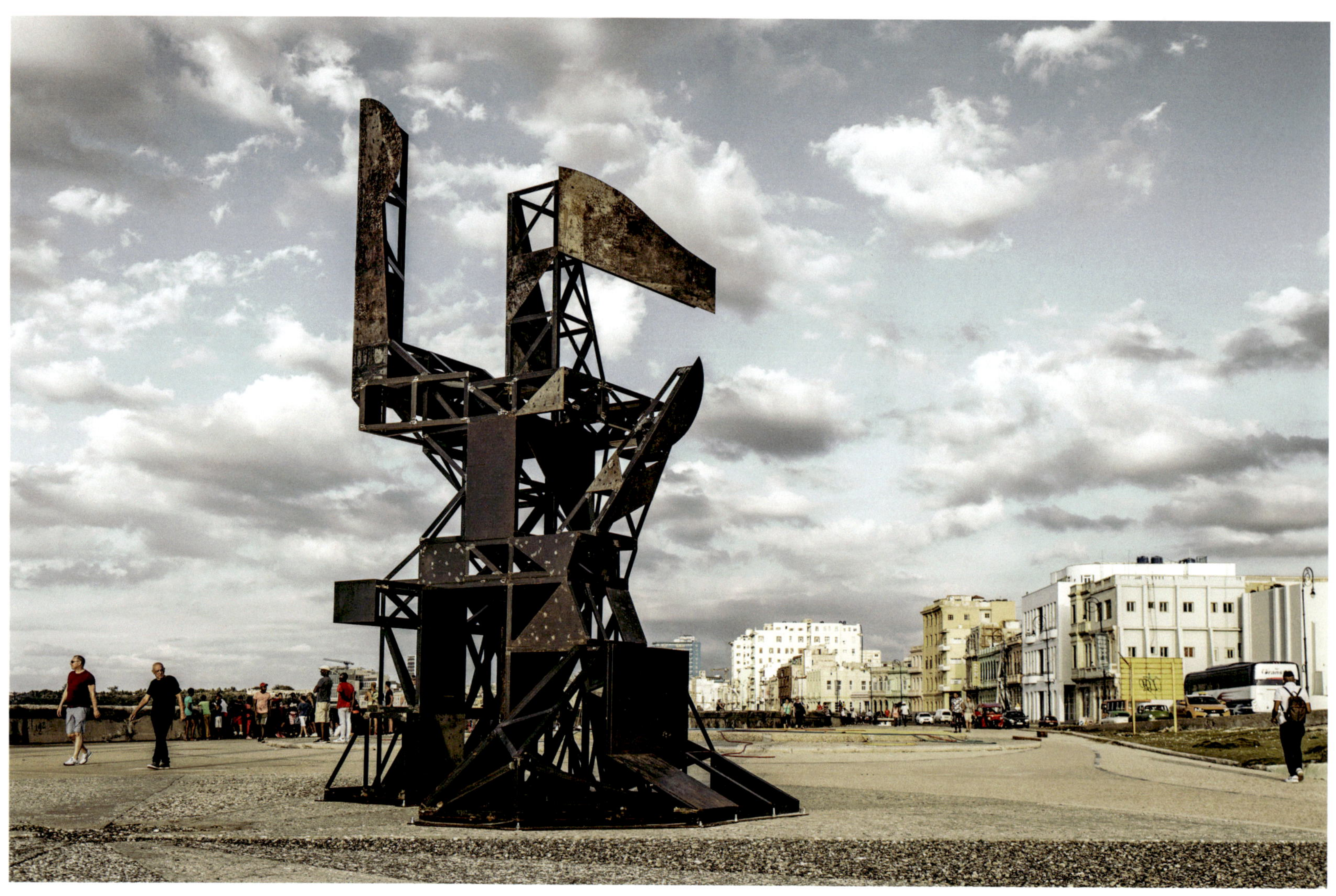

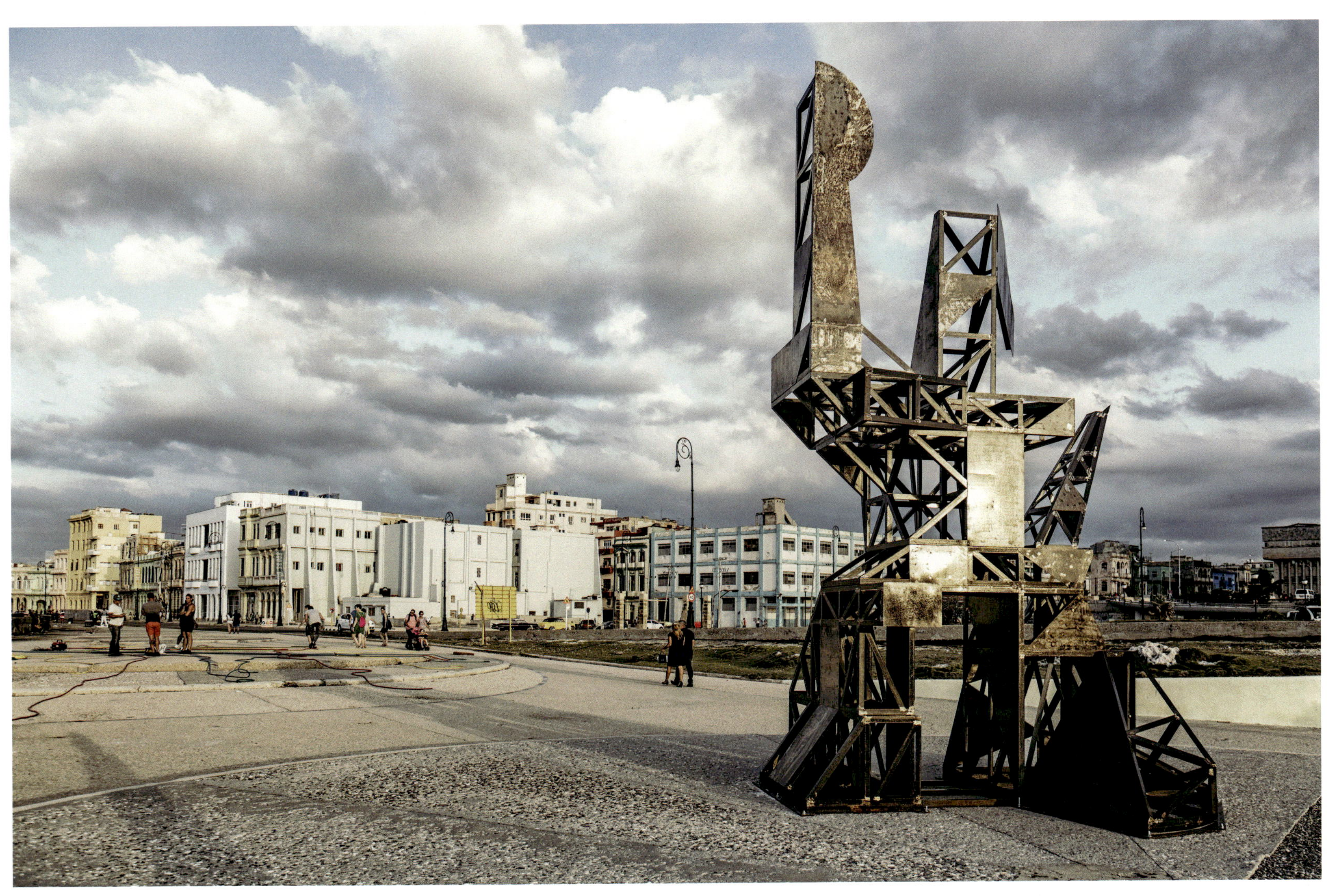

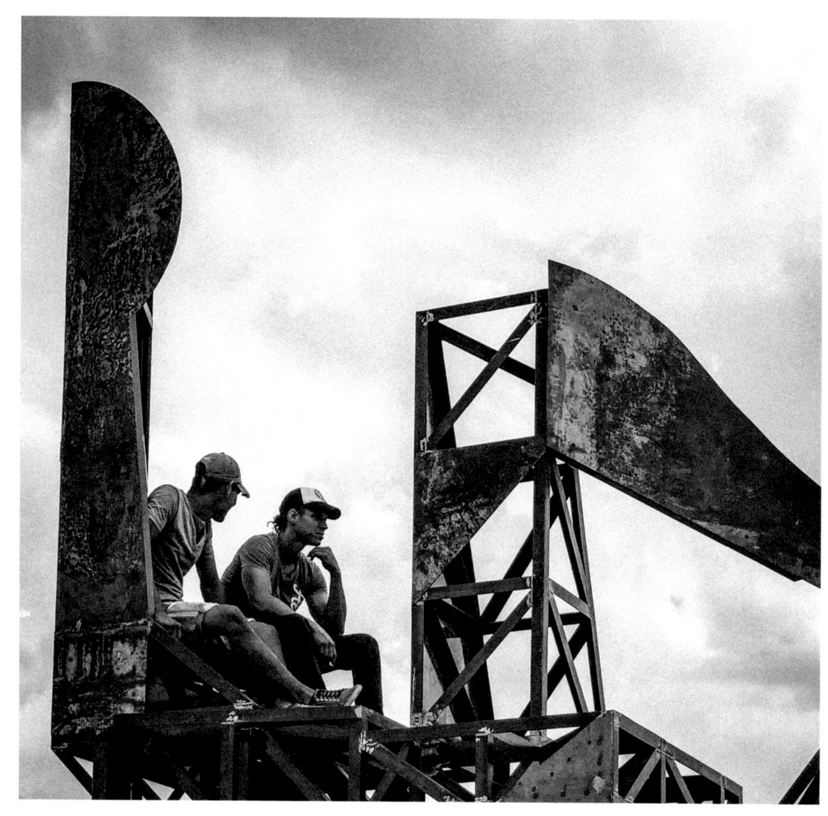

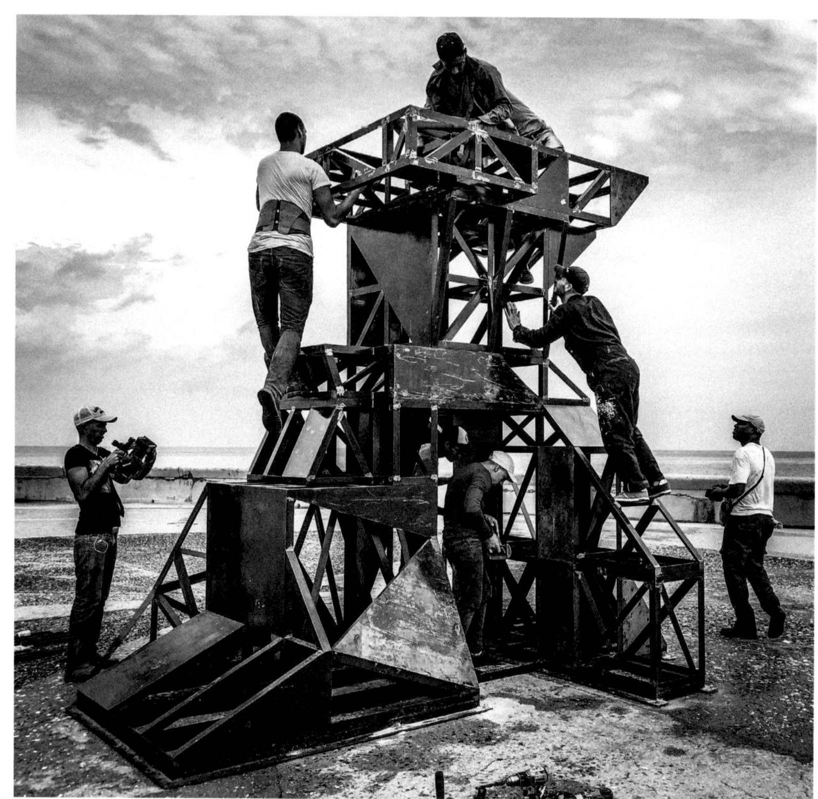

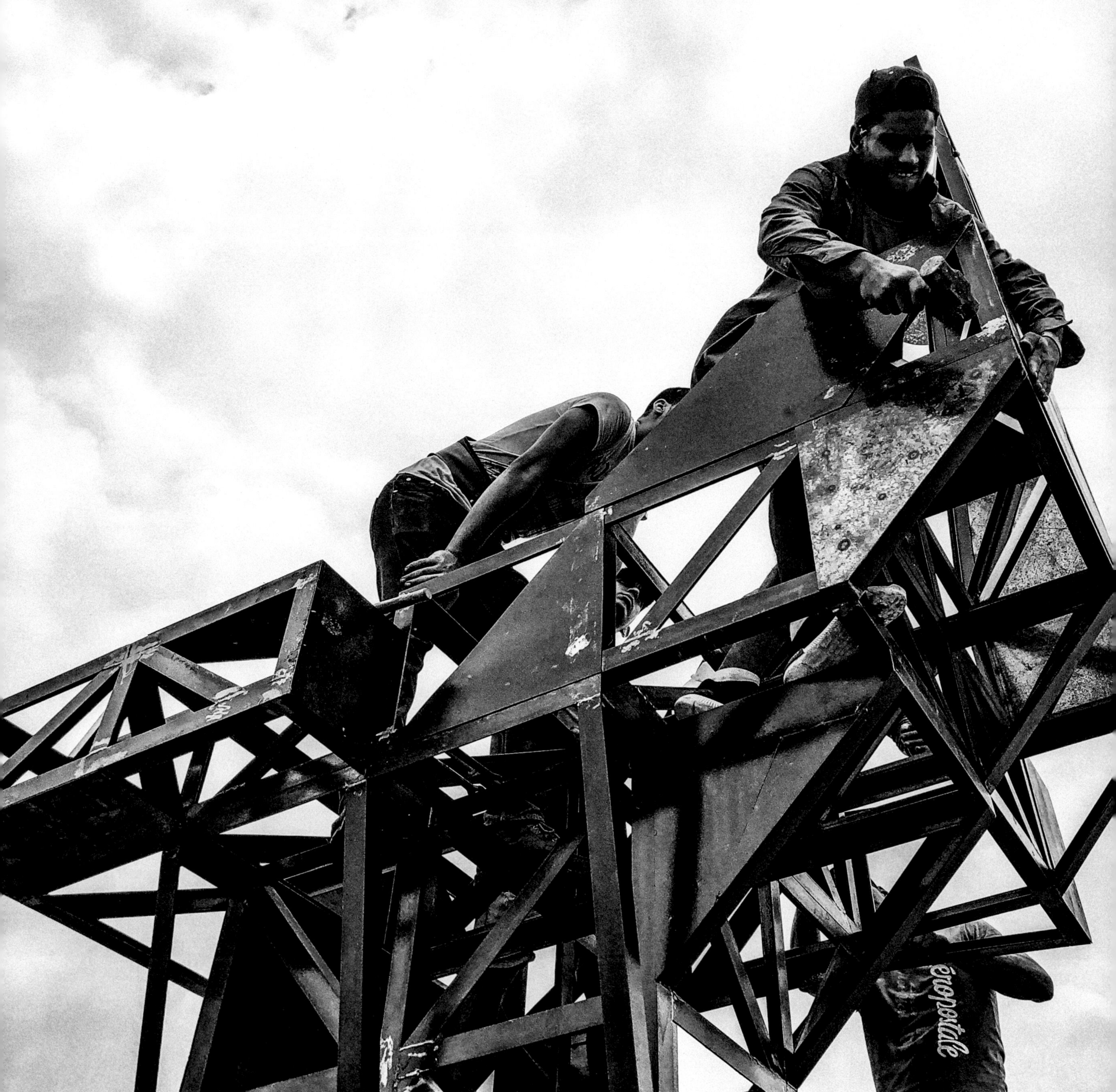

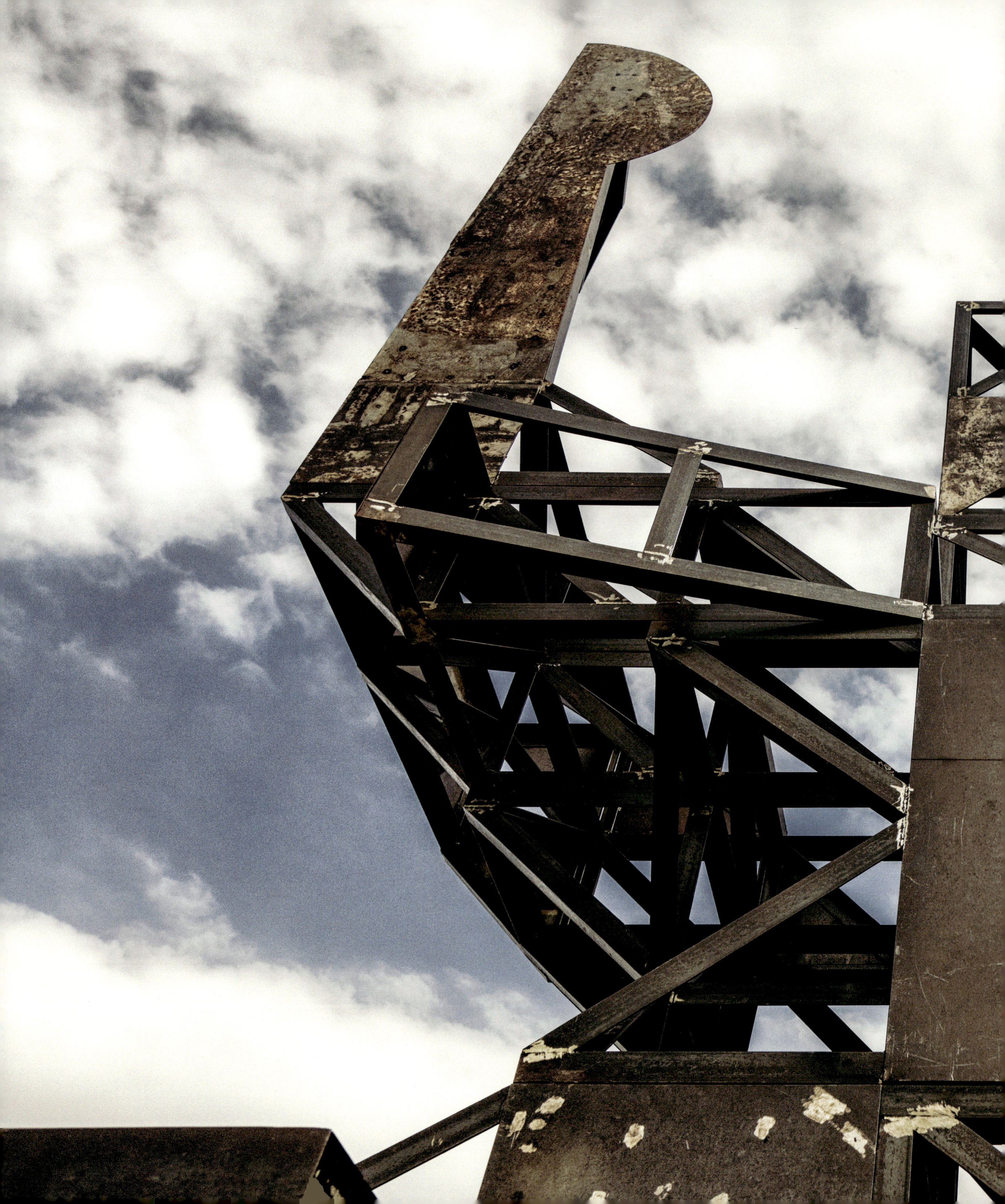

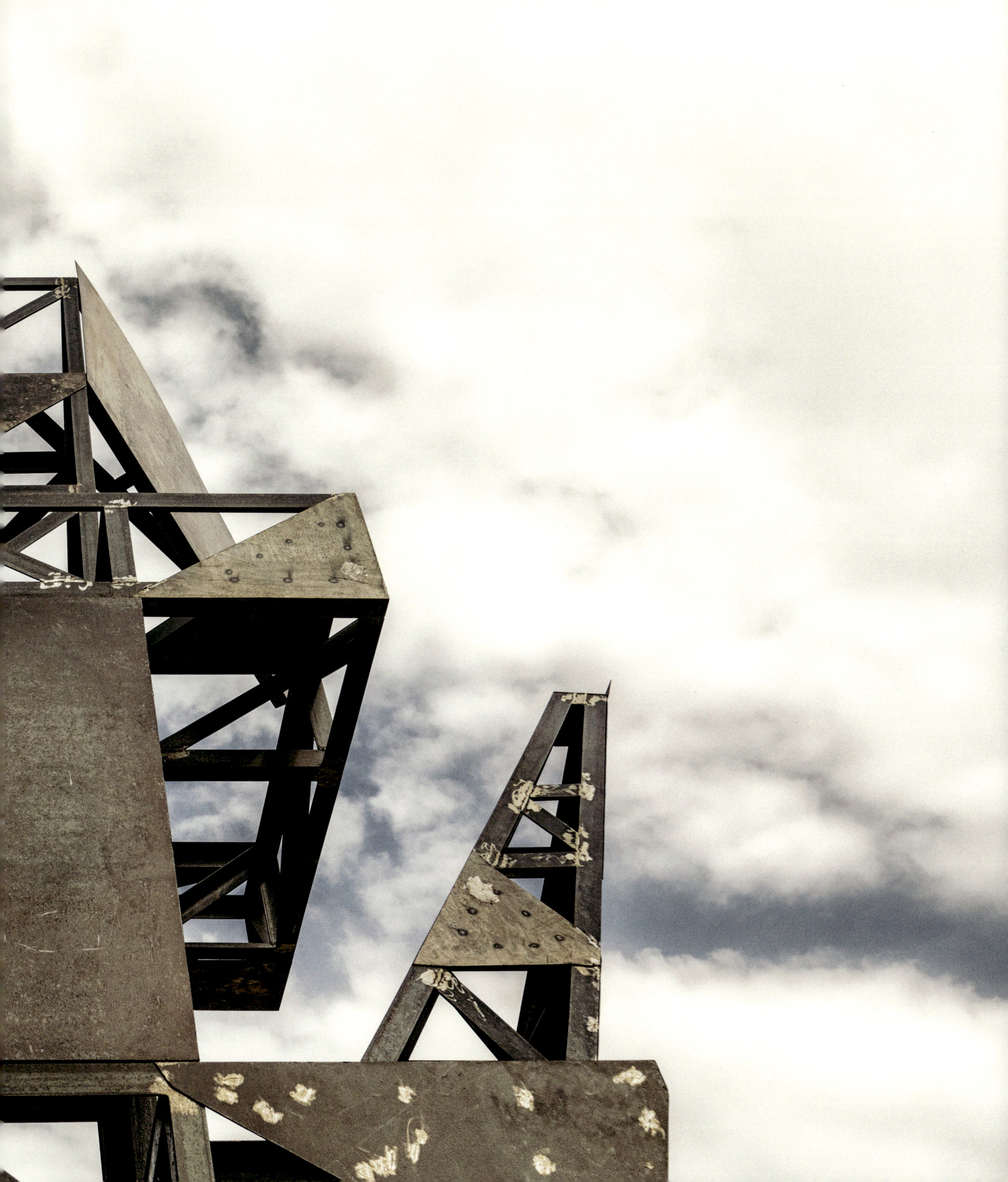

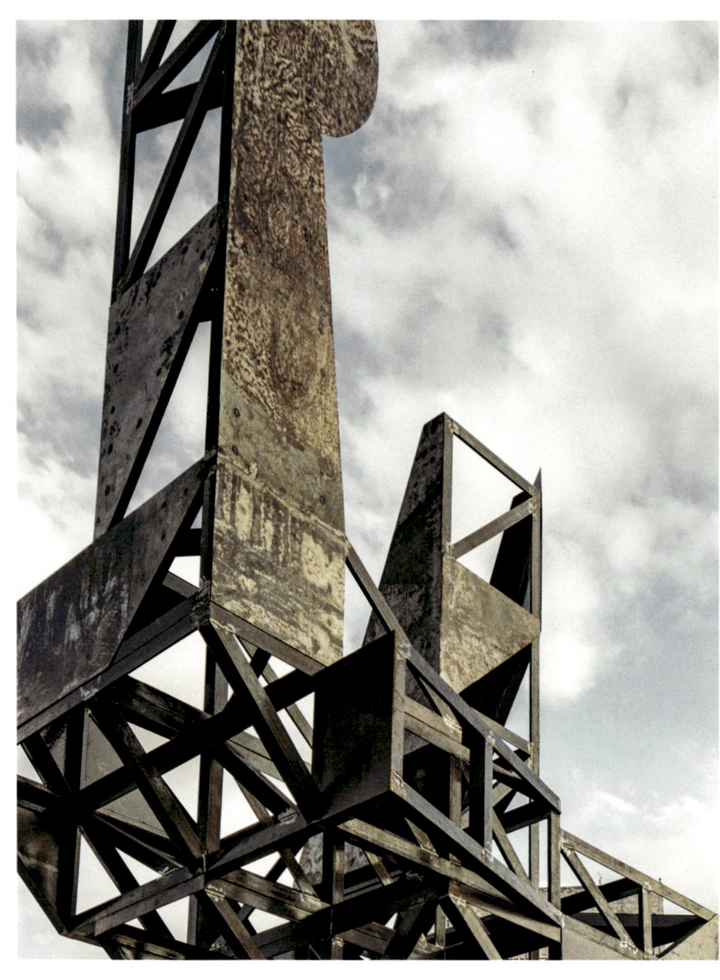

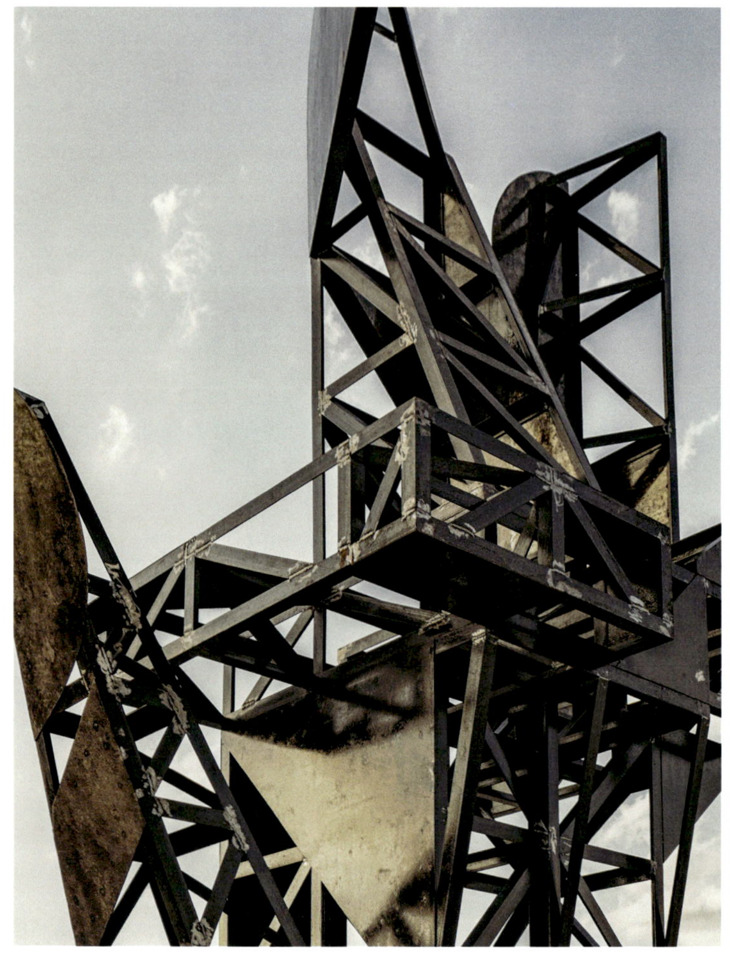

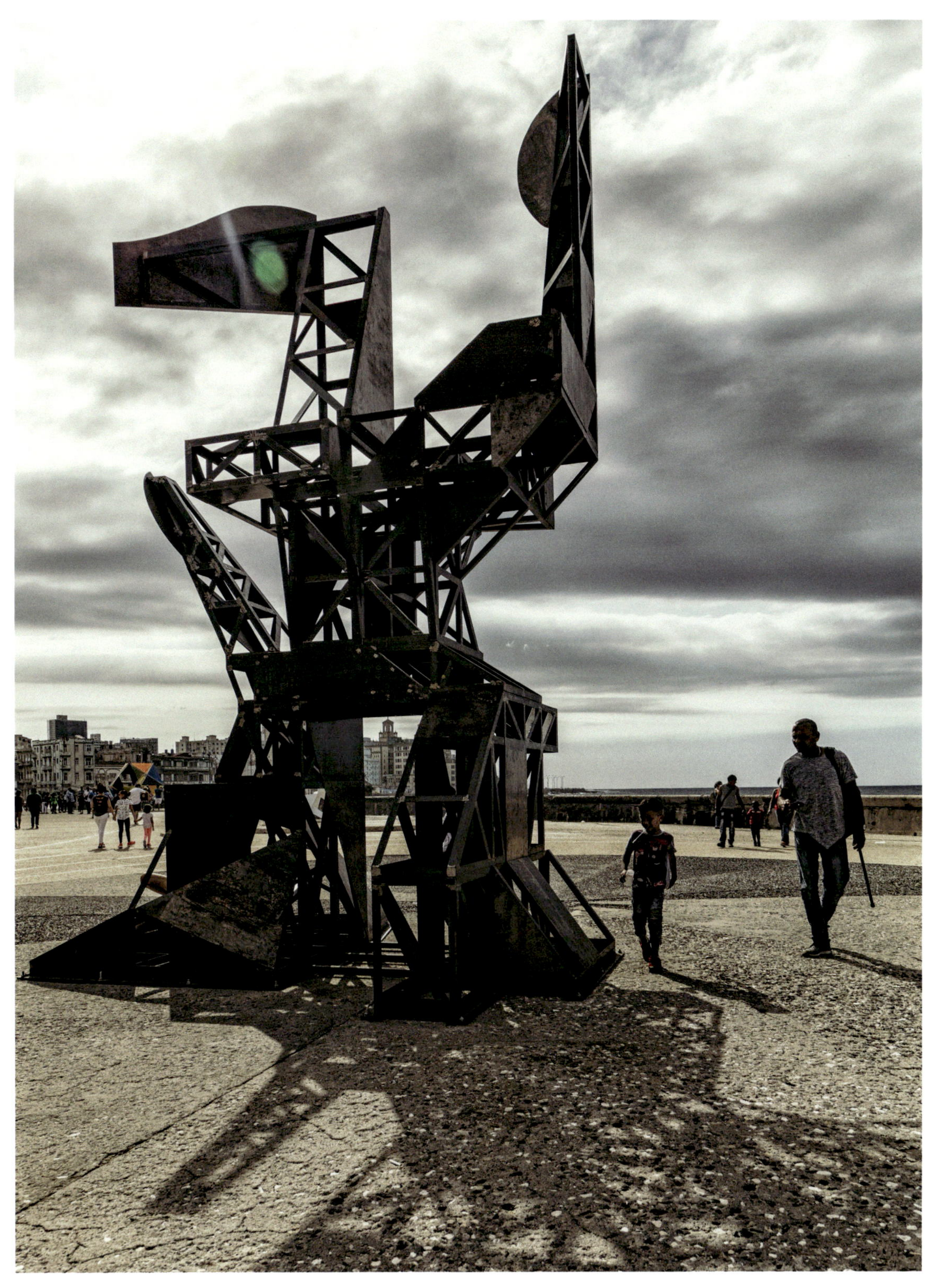

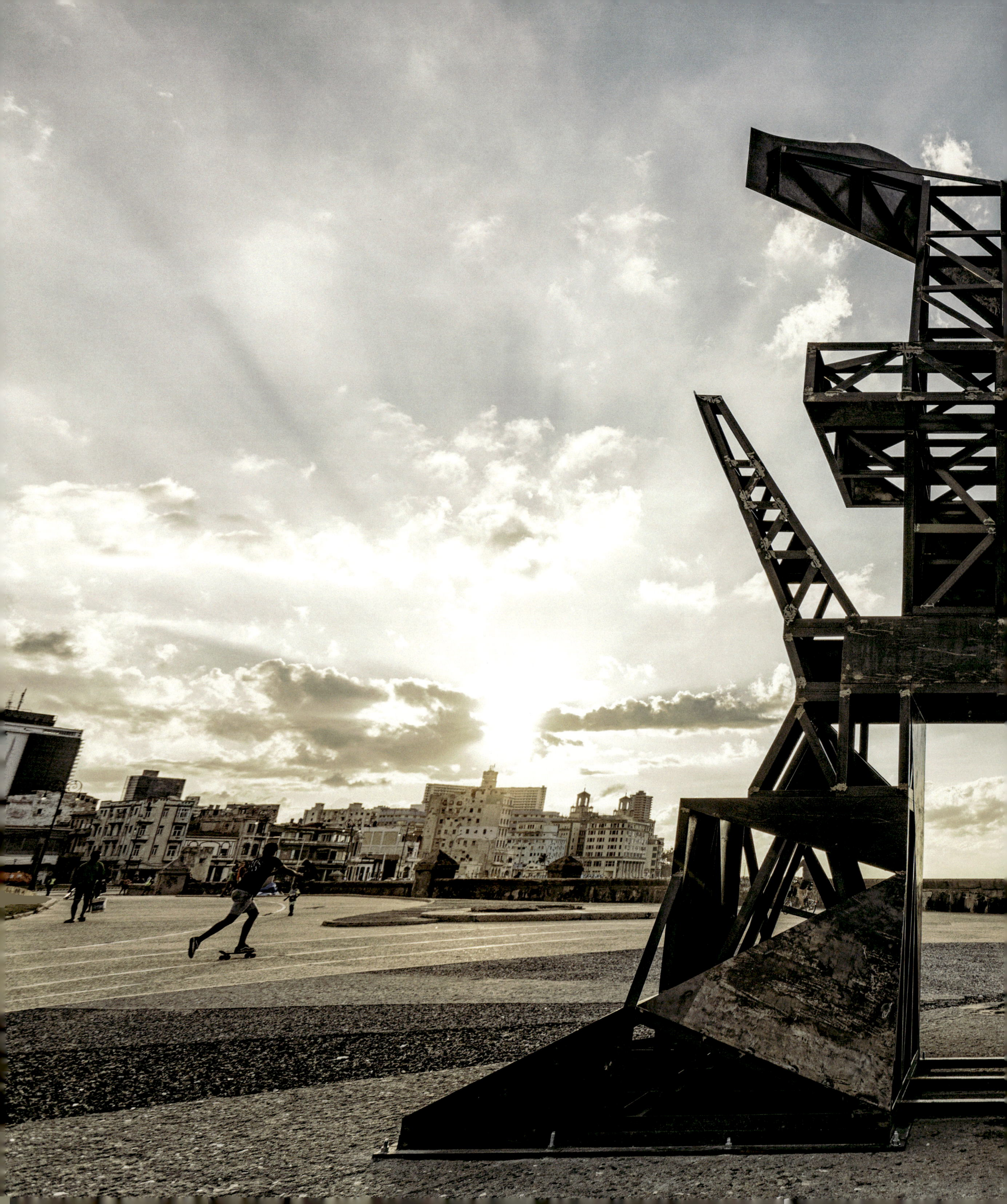

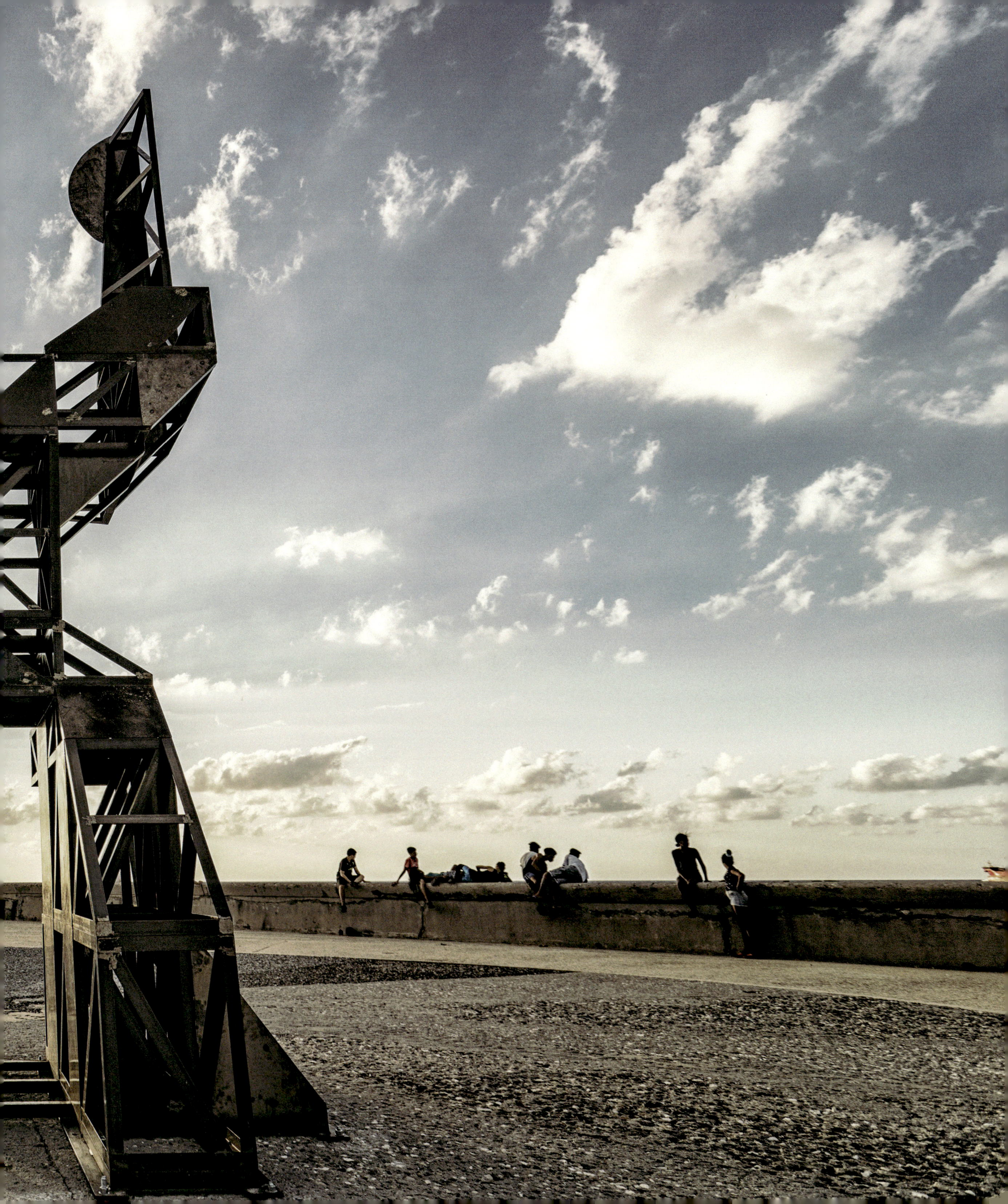

PENDING MEMORIES

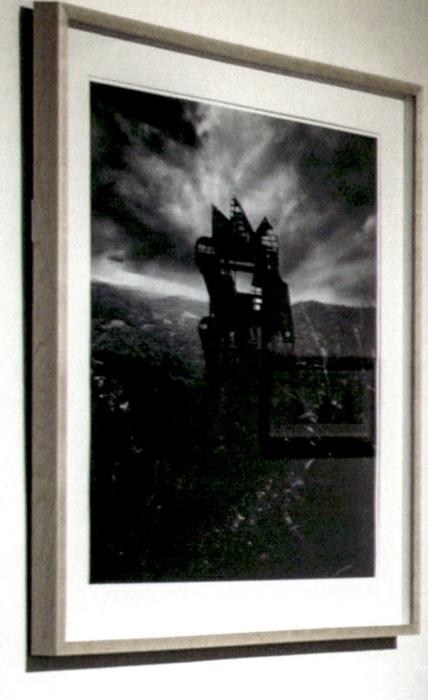

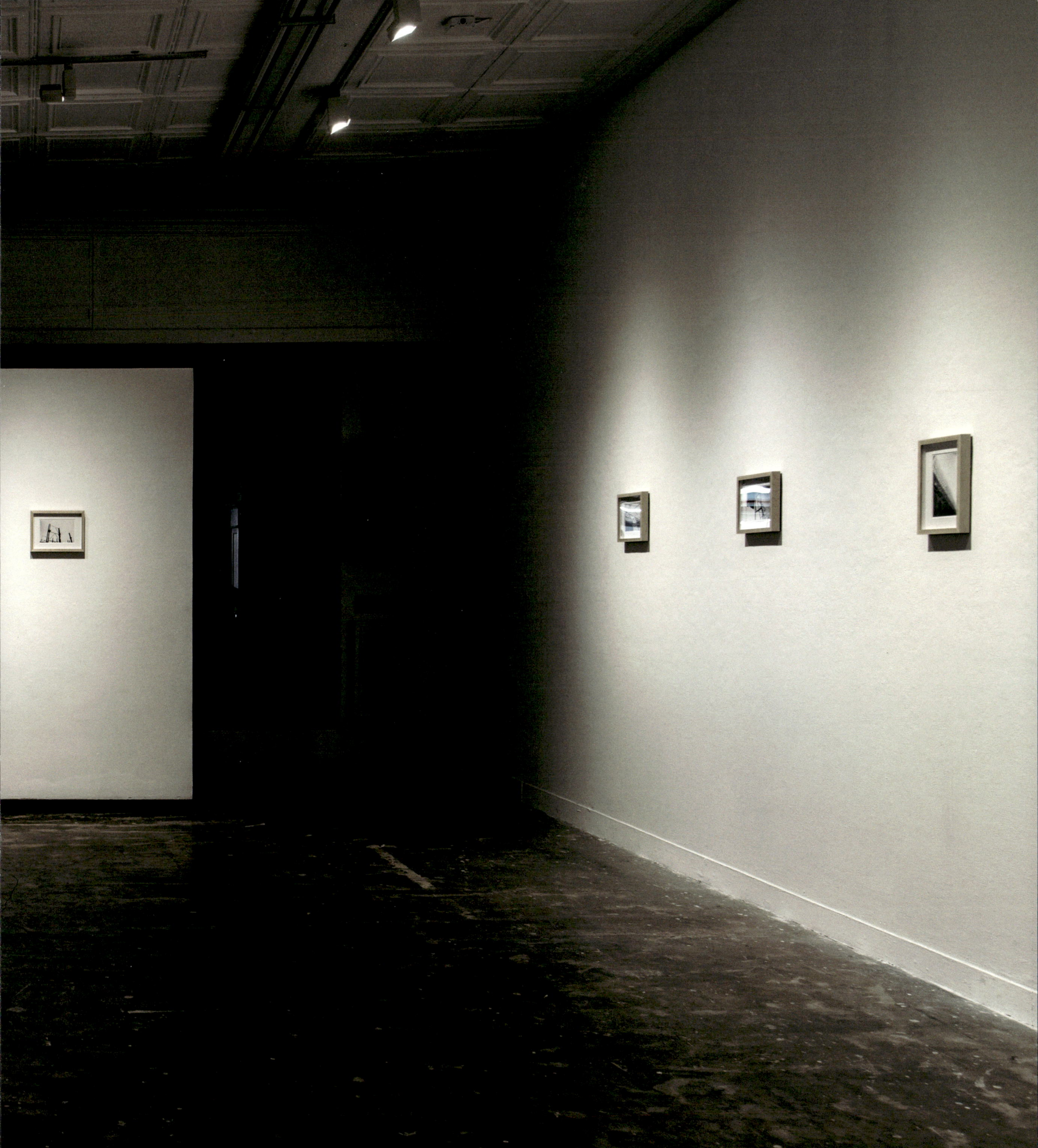

ESCULTURA / ESTRUCTURA DE METAL, LÁMINA DE PLÁSTICO / DIMENSIONES VARIABLES
SCULPTURE / METAL STUD FRAMING, PLASTIC SHEETING / VARIABLE DIMENSIONS

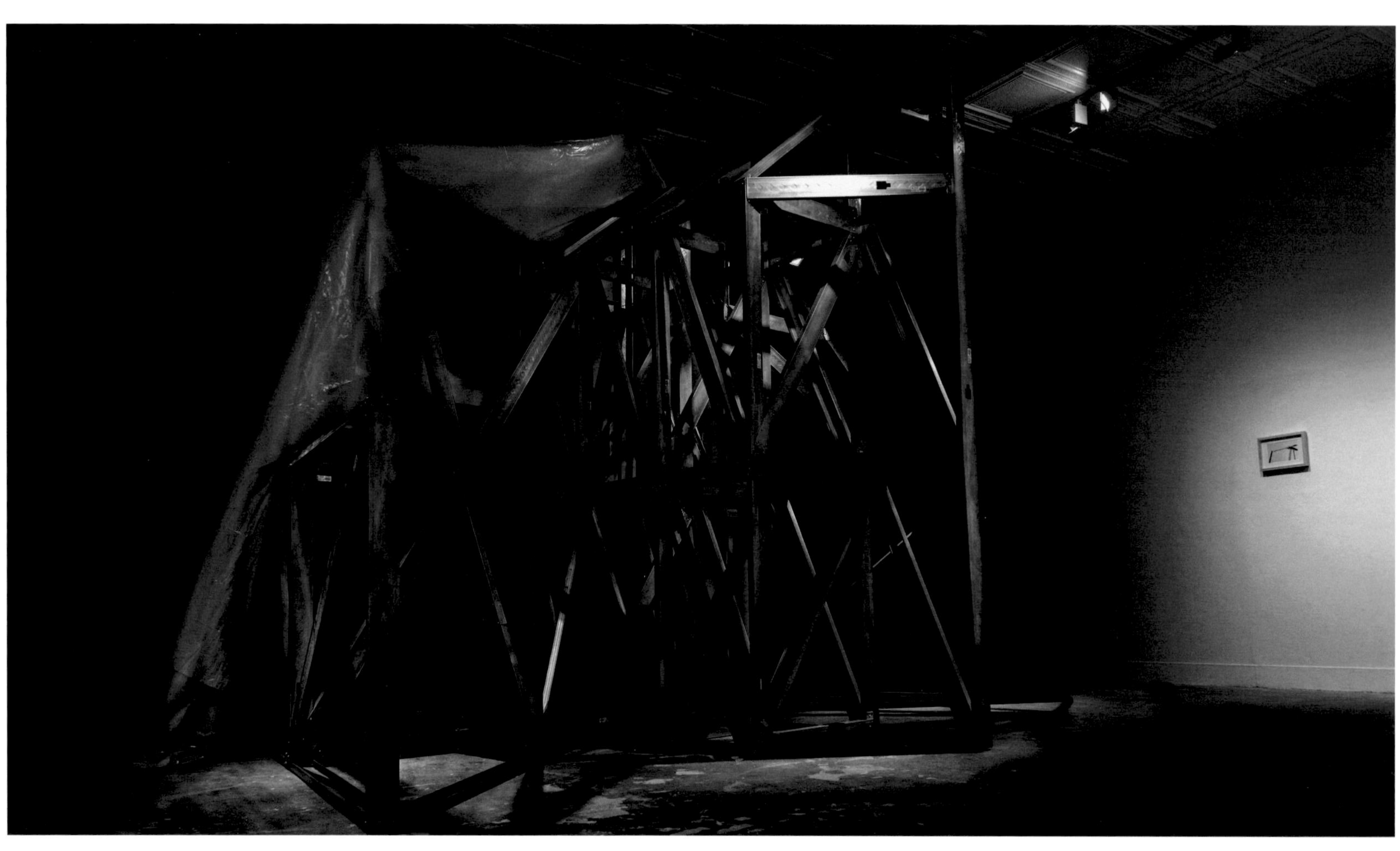

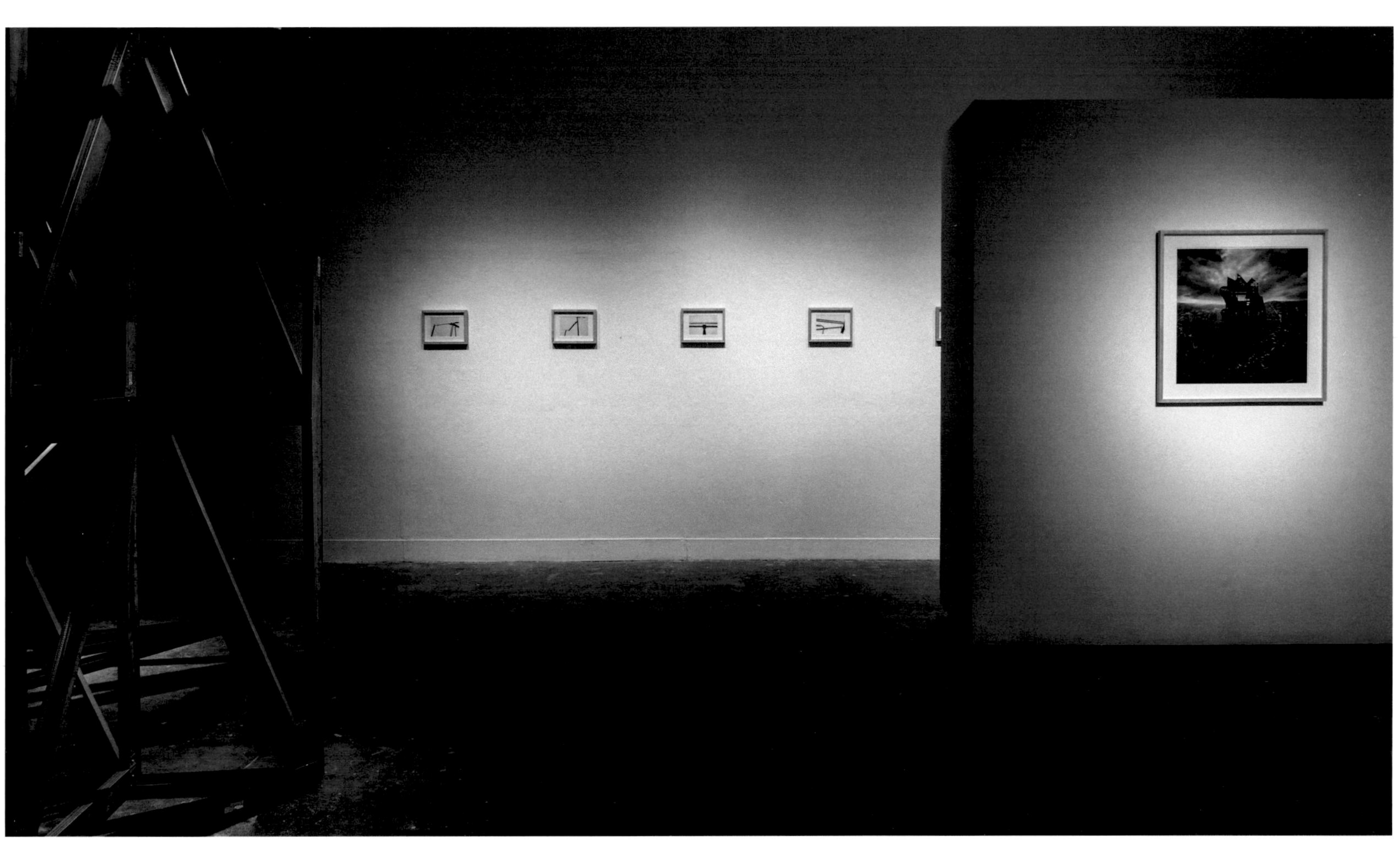

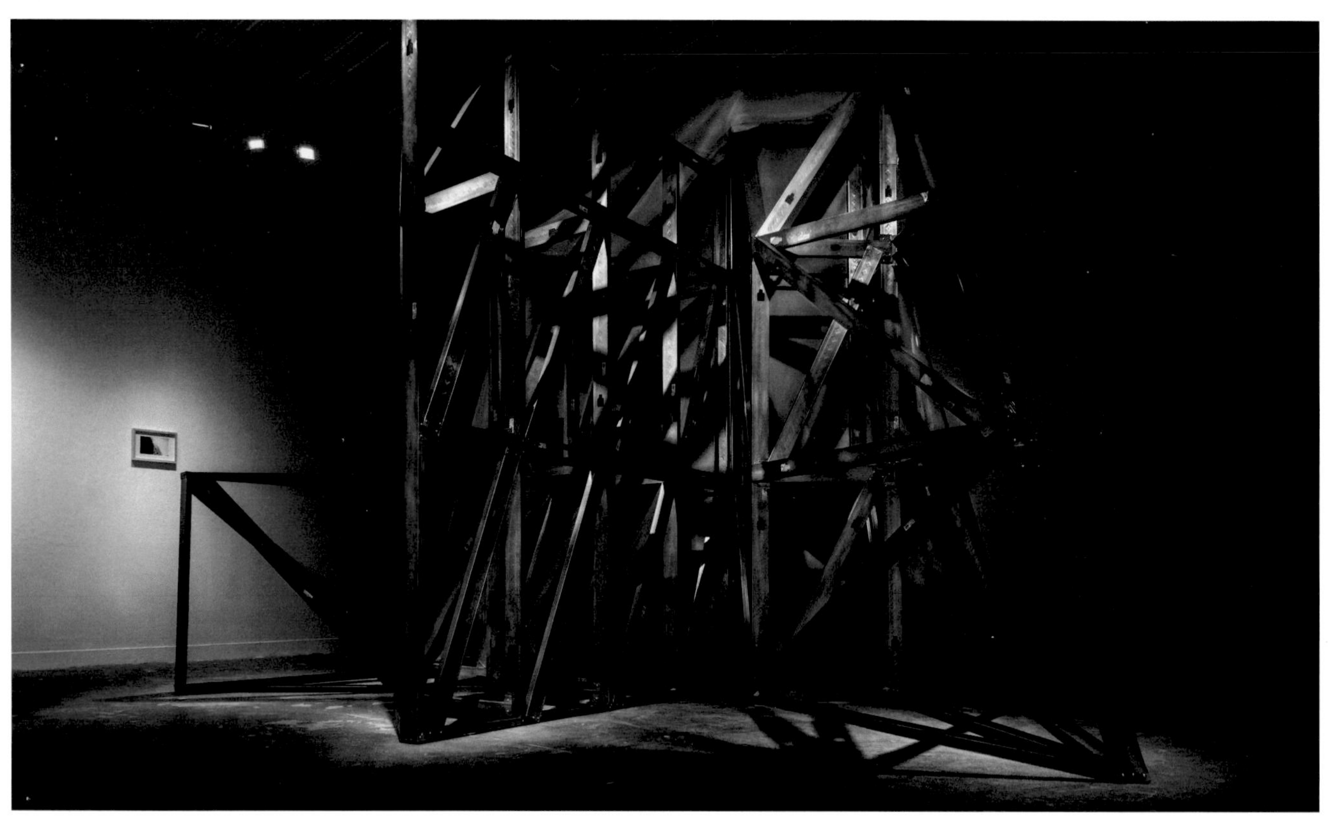

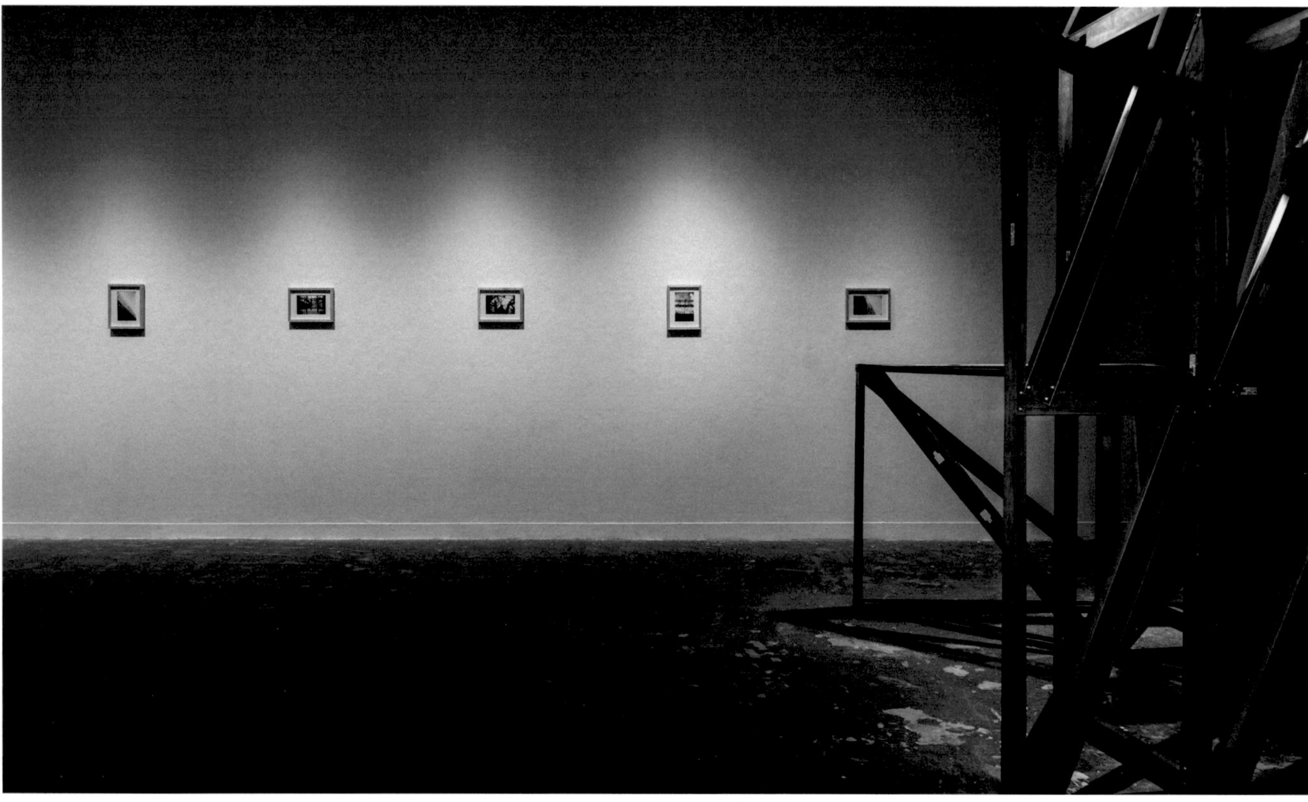

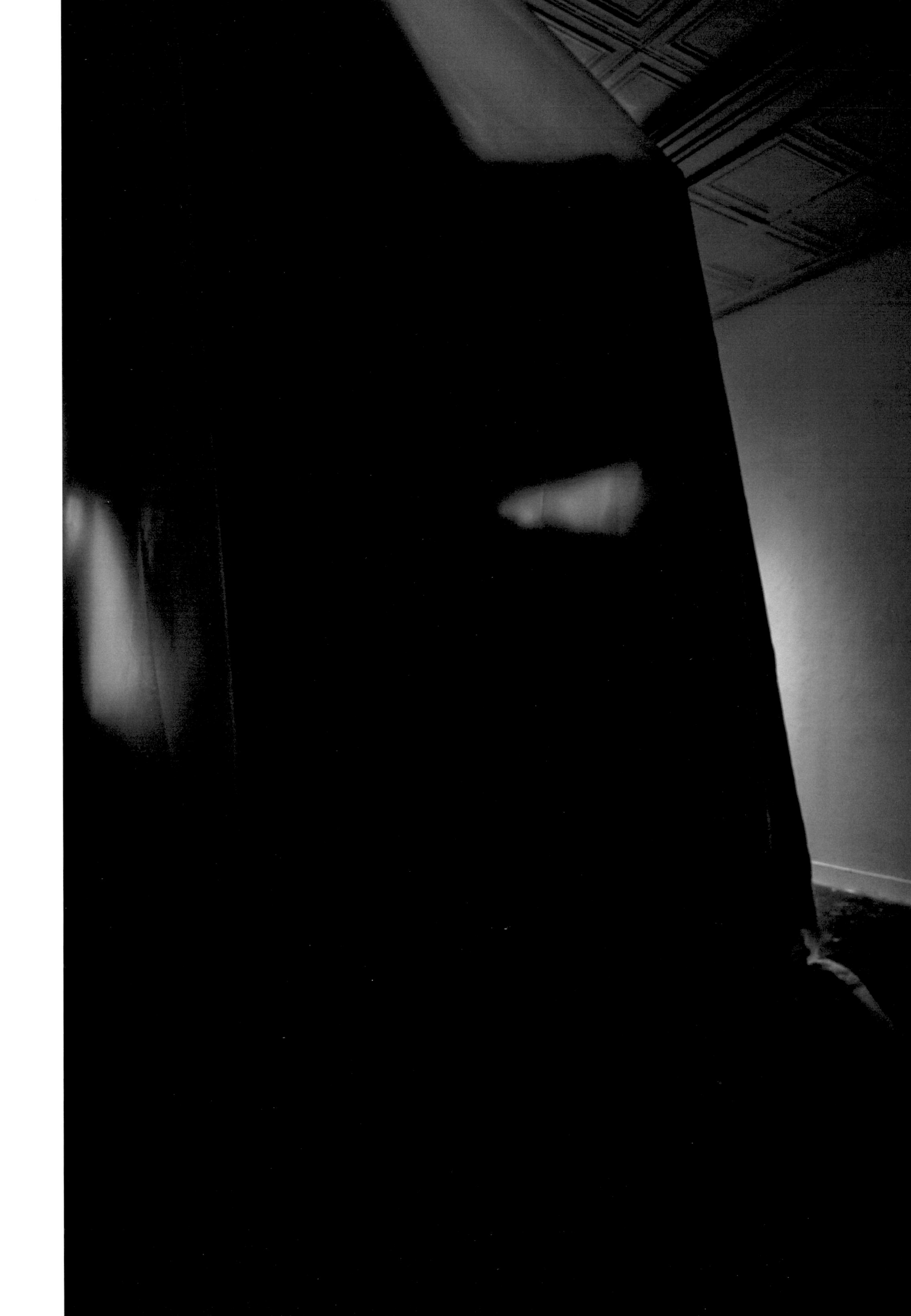

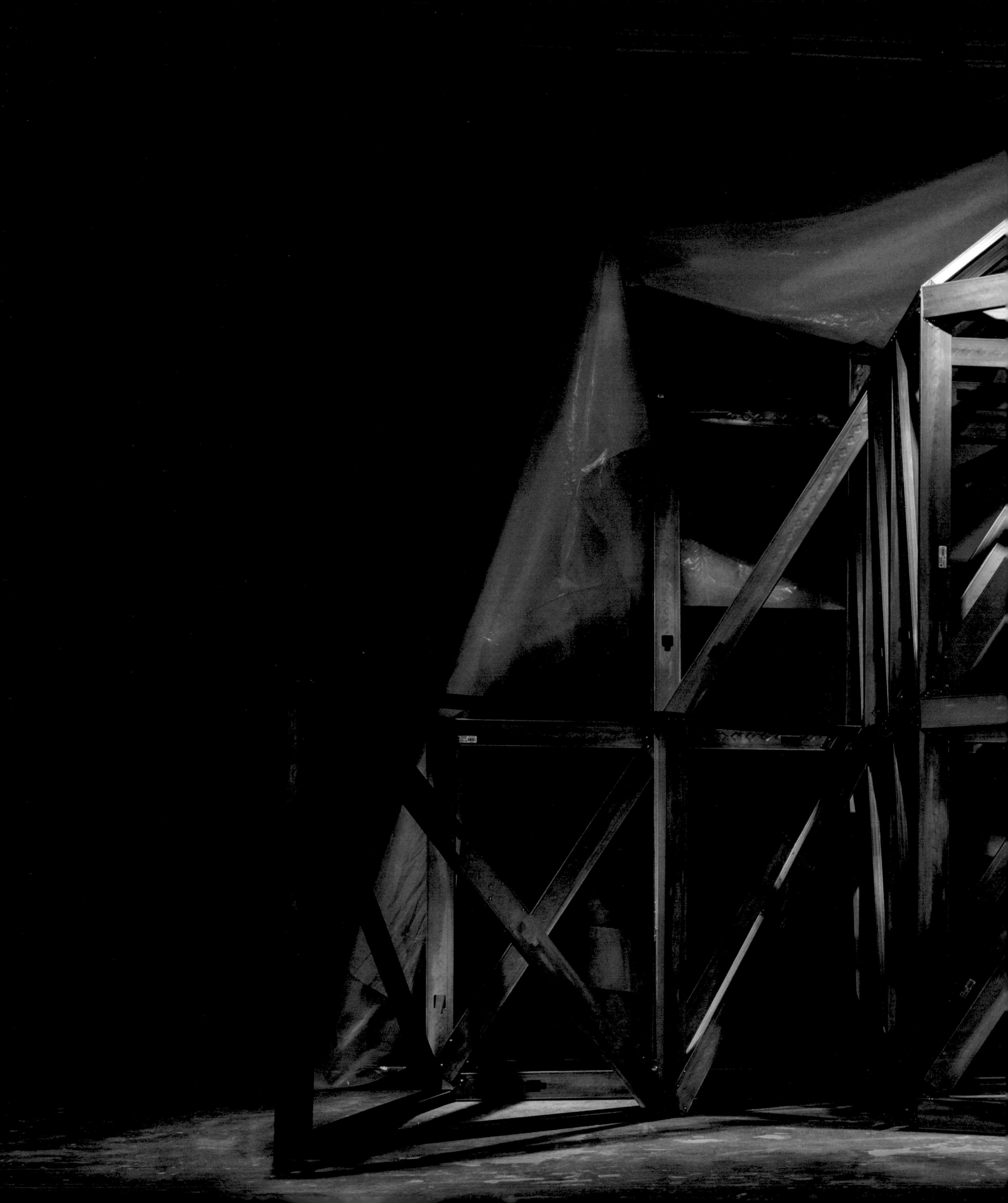

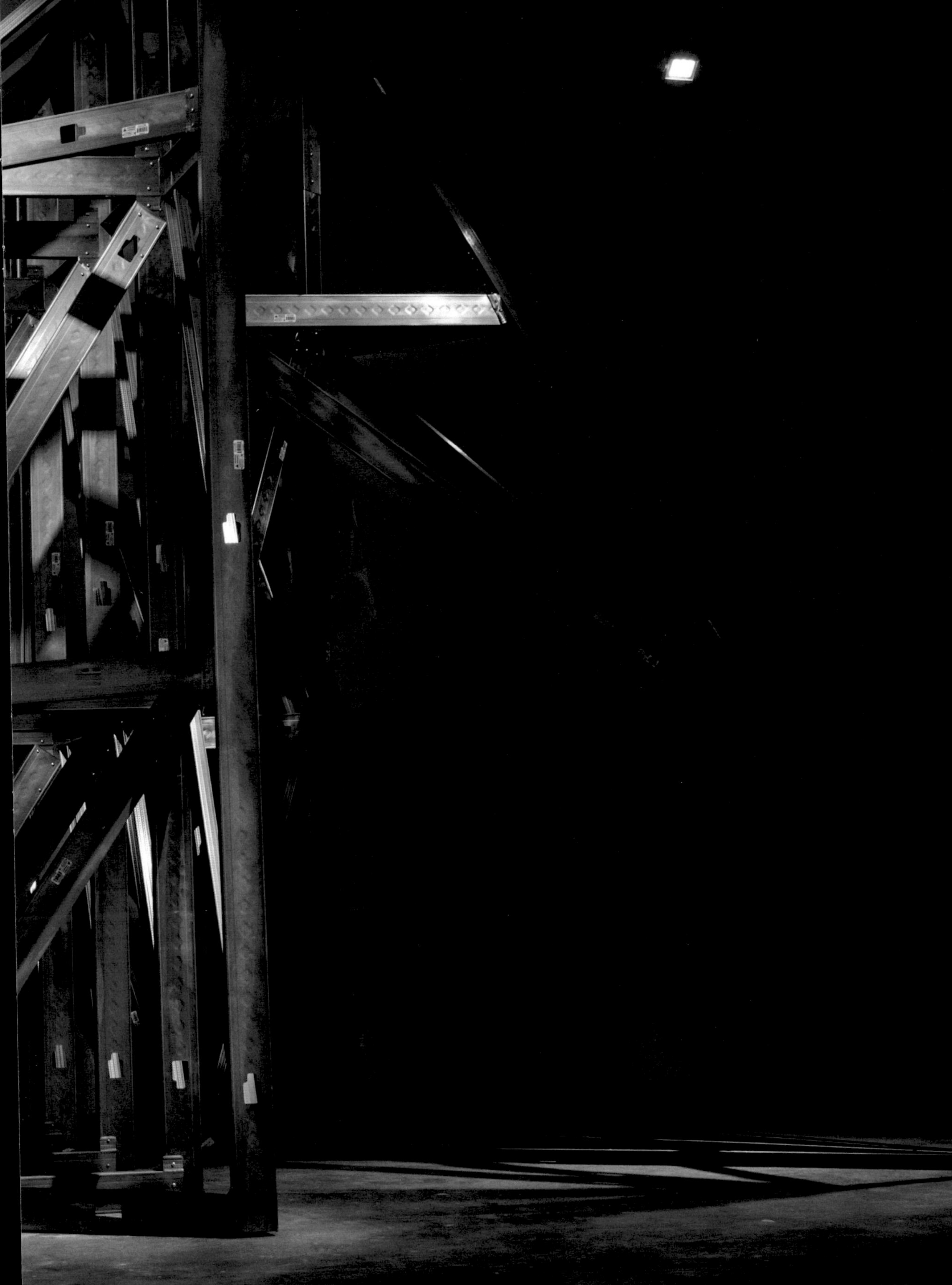

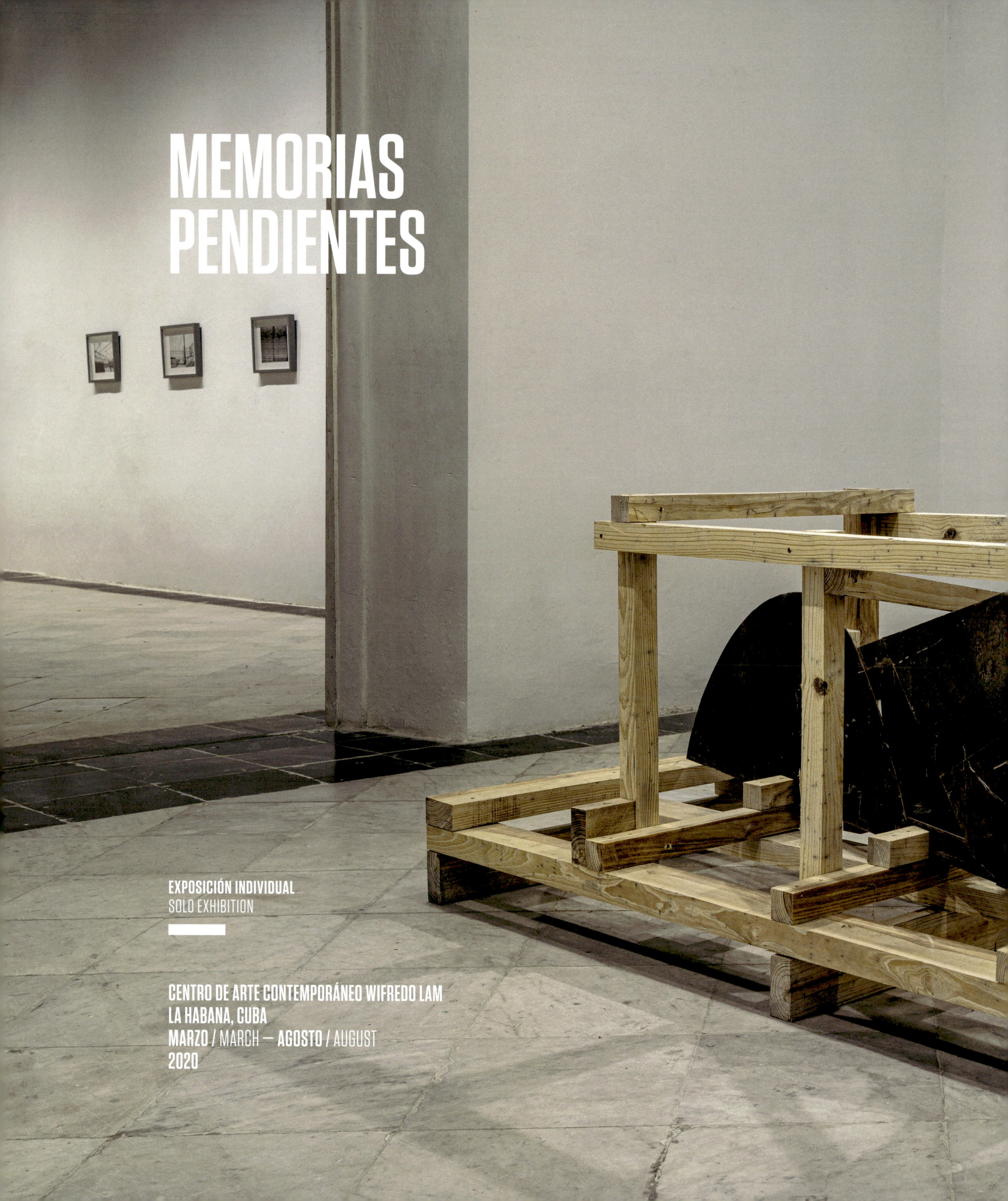

MEMORIAS
PENDIENTES

EXPOSICIÓN INDIVIDUAL
SOLO EXHIBITION

CENTRO DE ARTE CONTEMPORÁNEO WIFREDO LAM
LA HABANA, CUBA
MARZO / MARCH — AGOSTO / AUGUST
2020

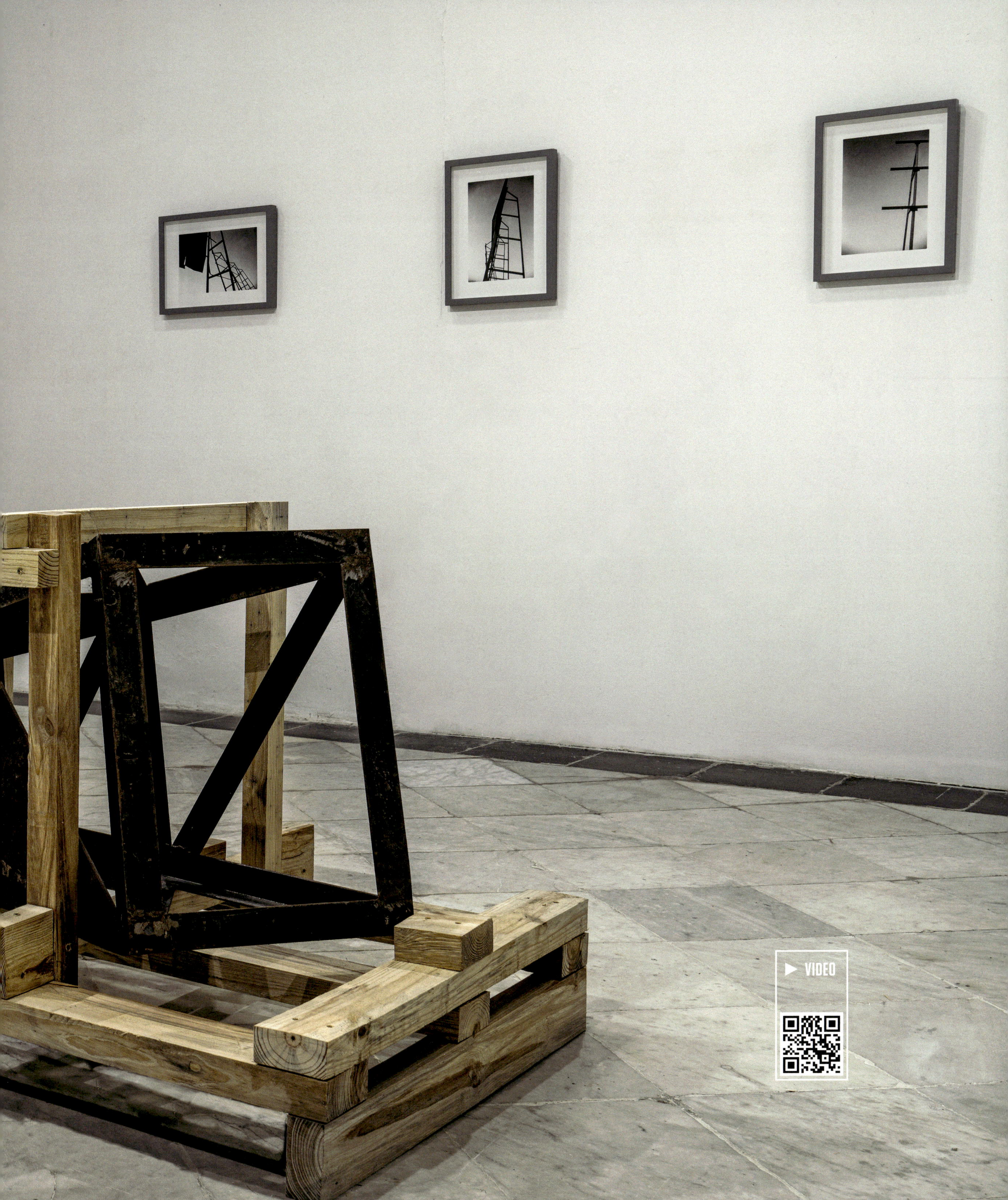
VIDEO

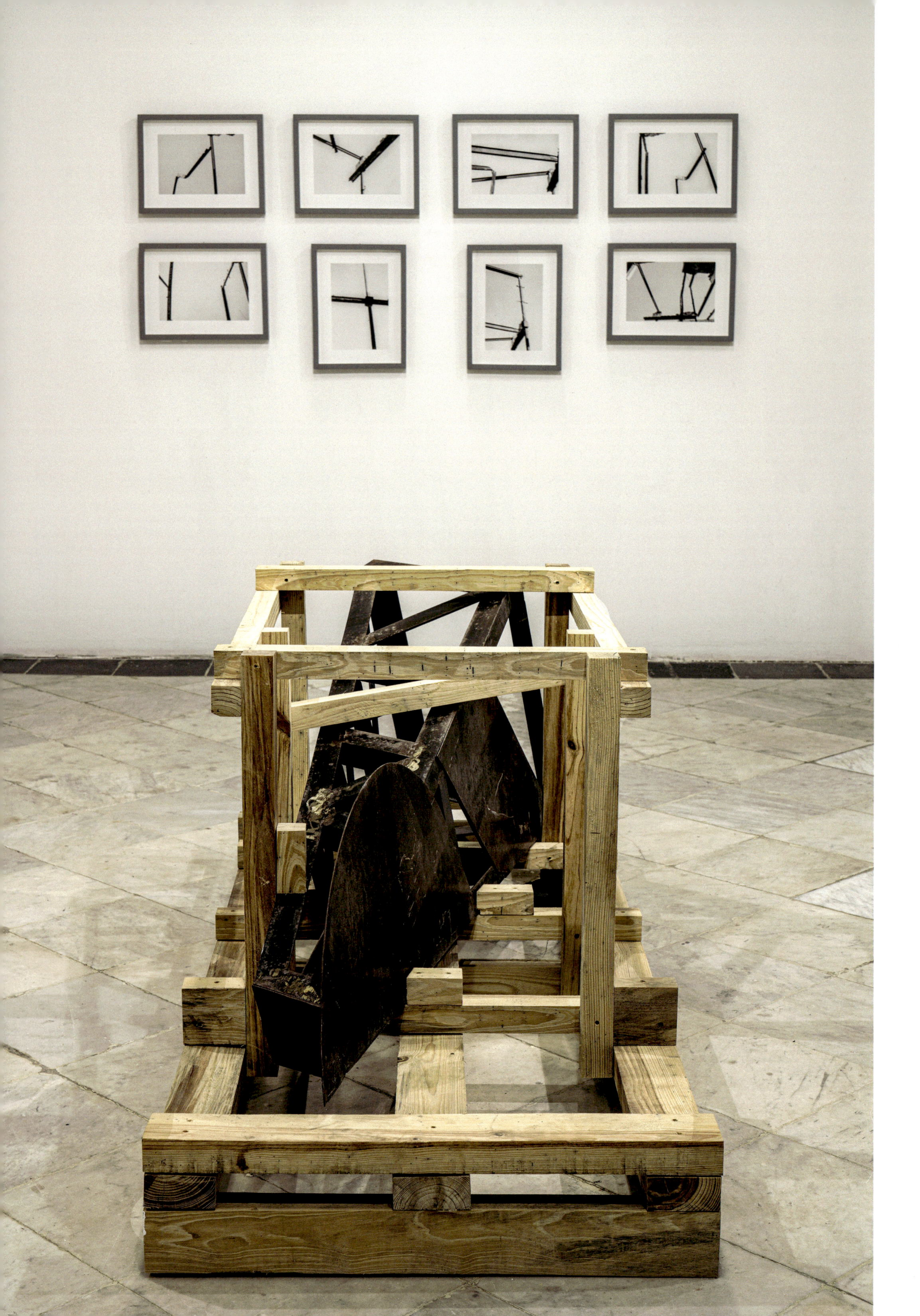

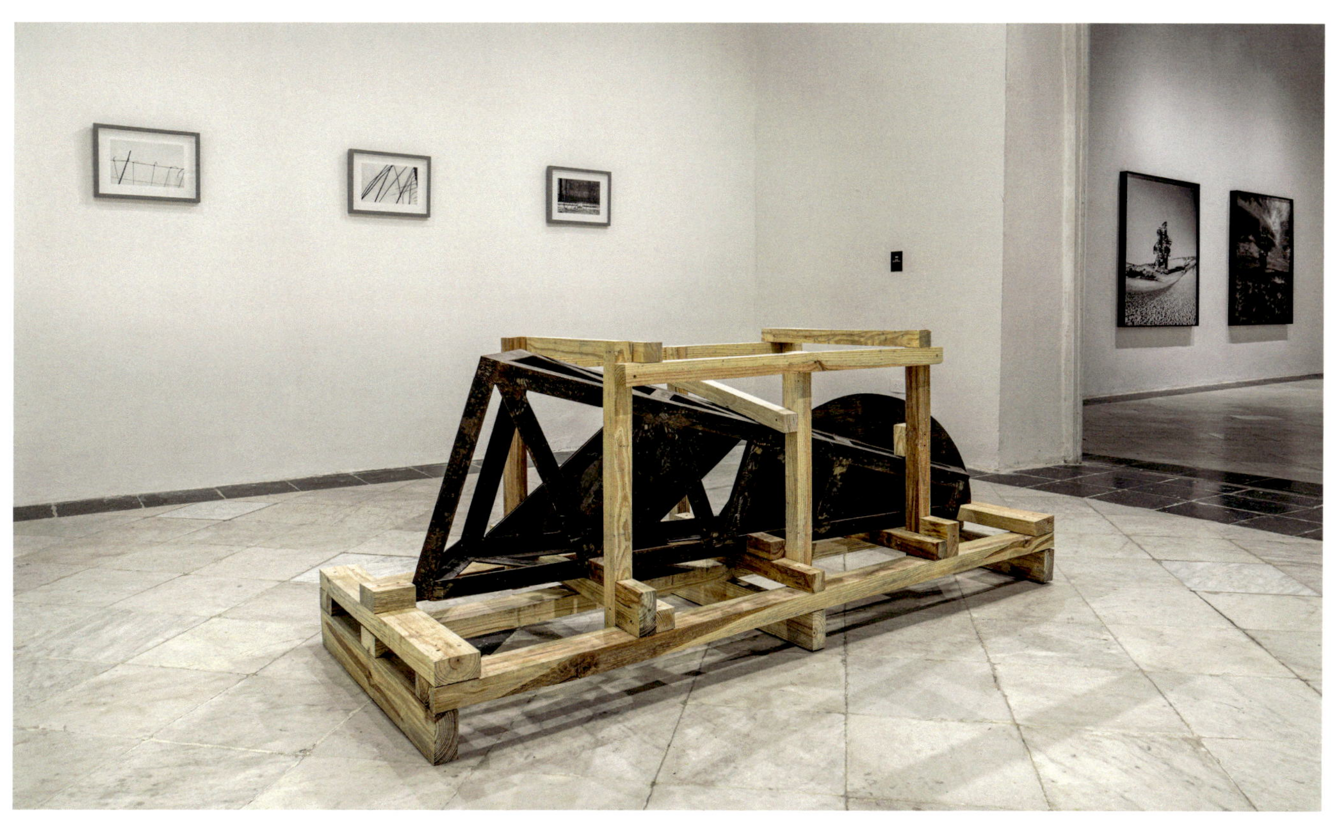

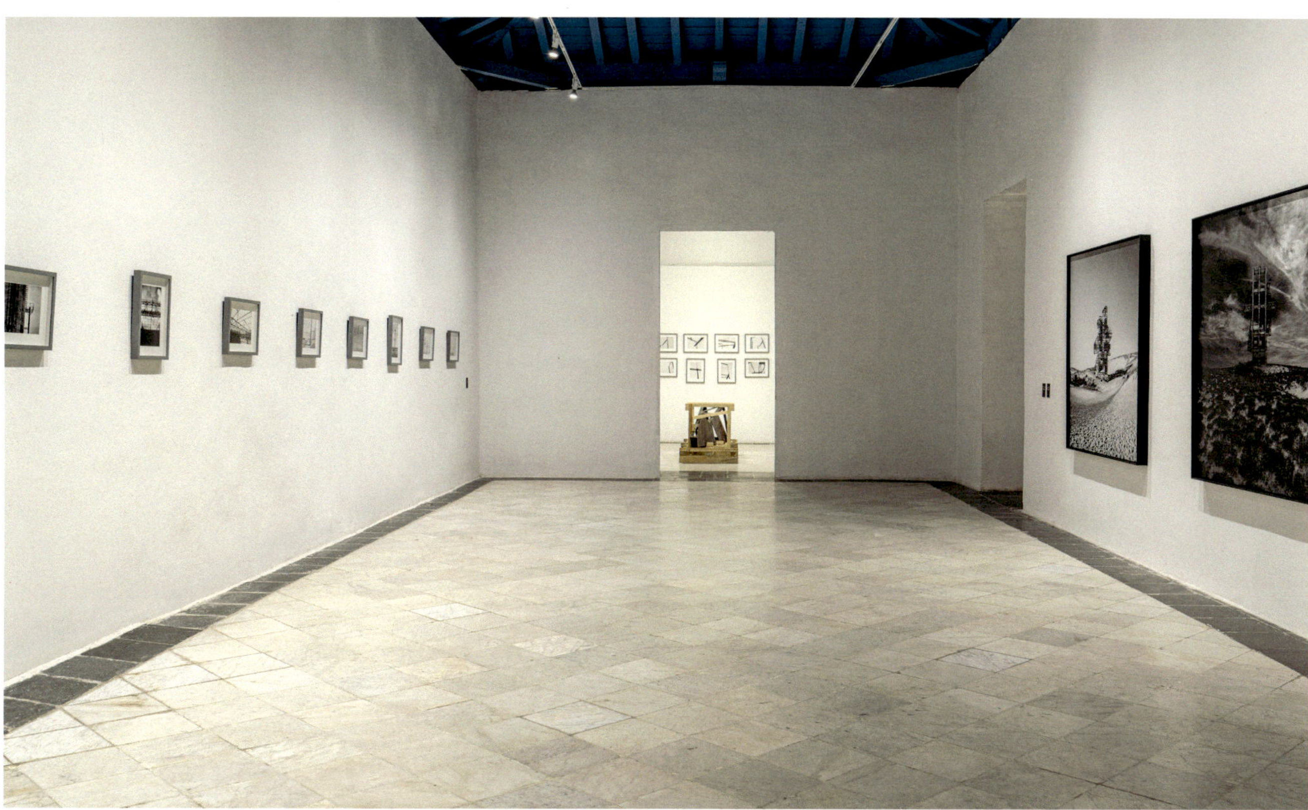

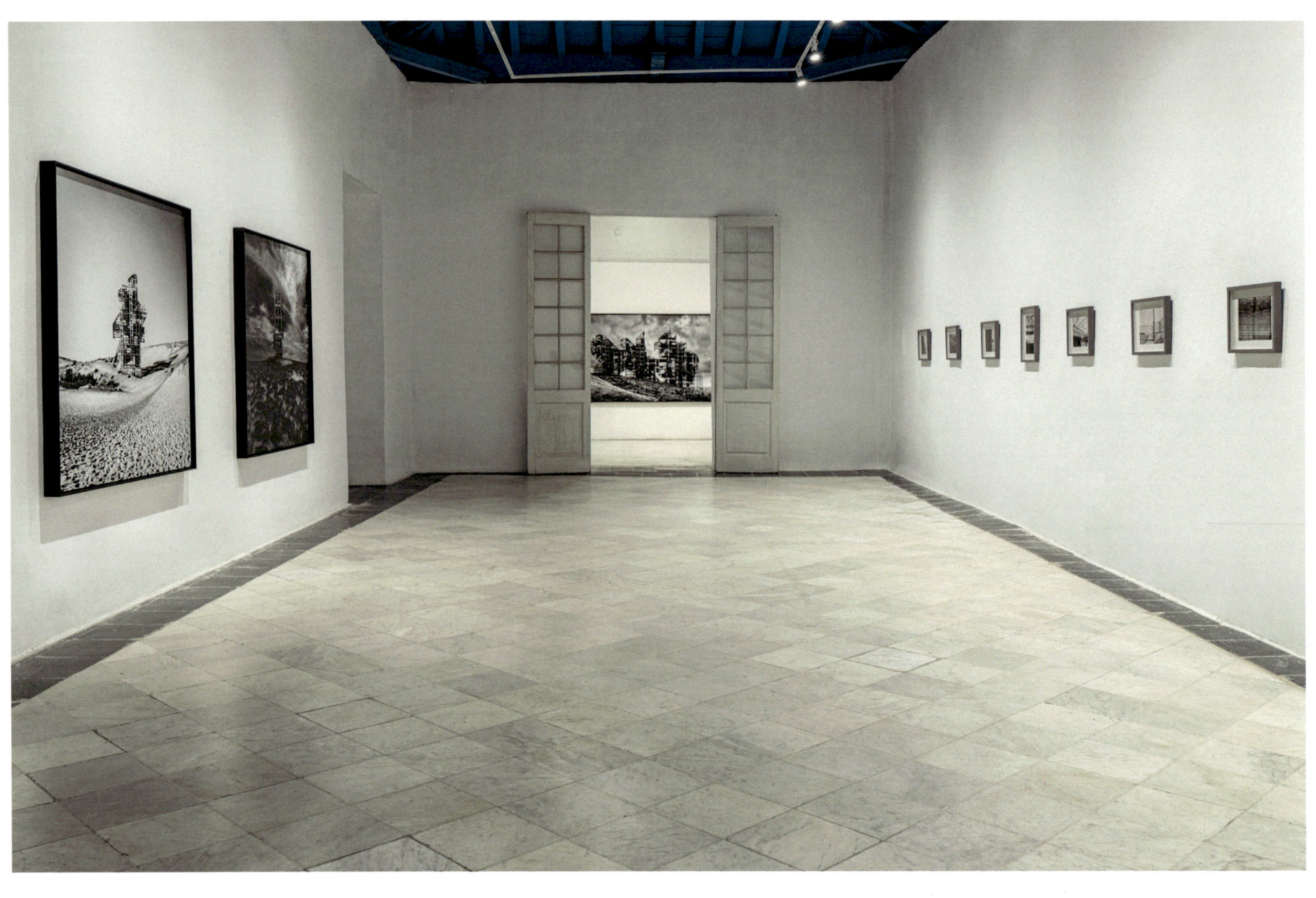

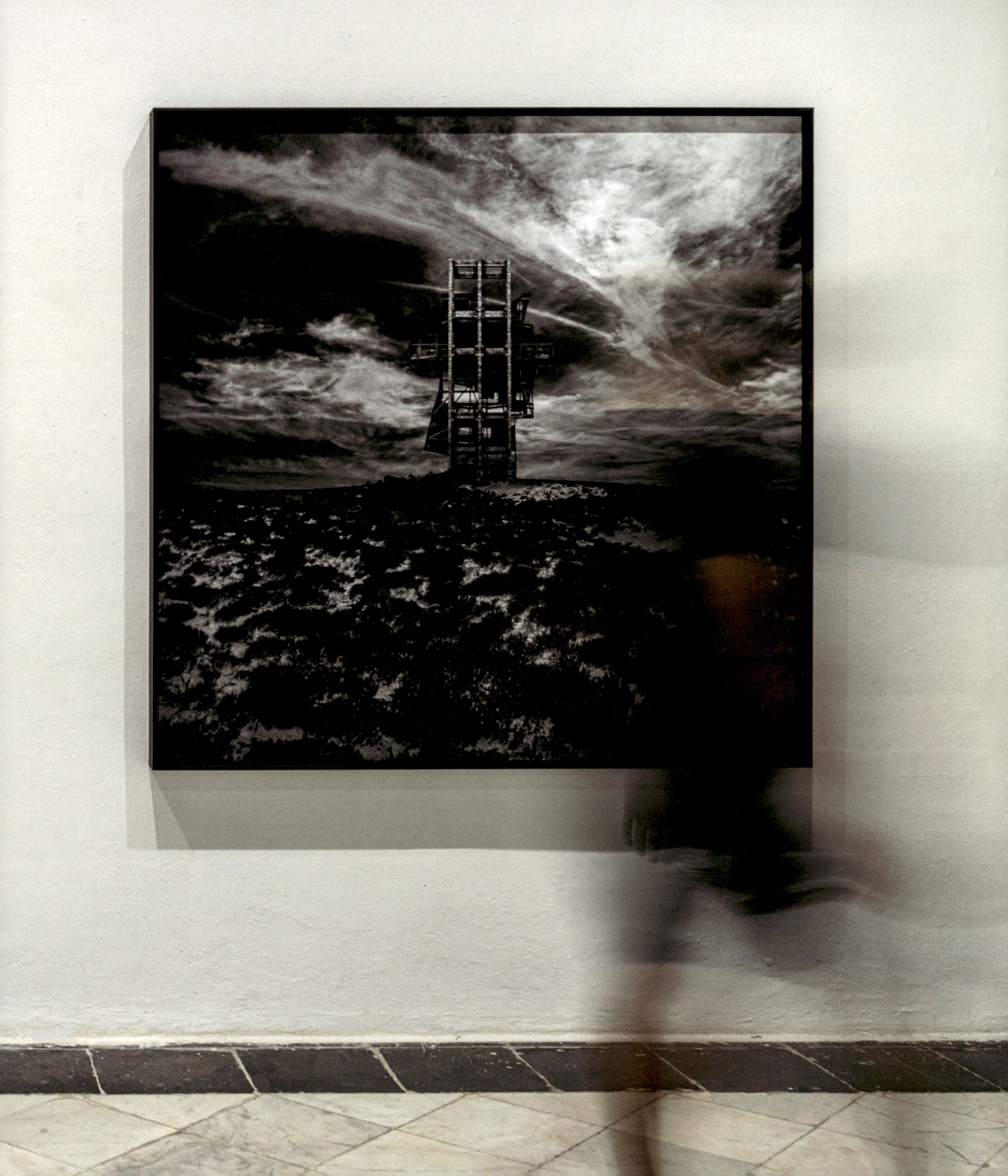

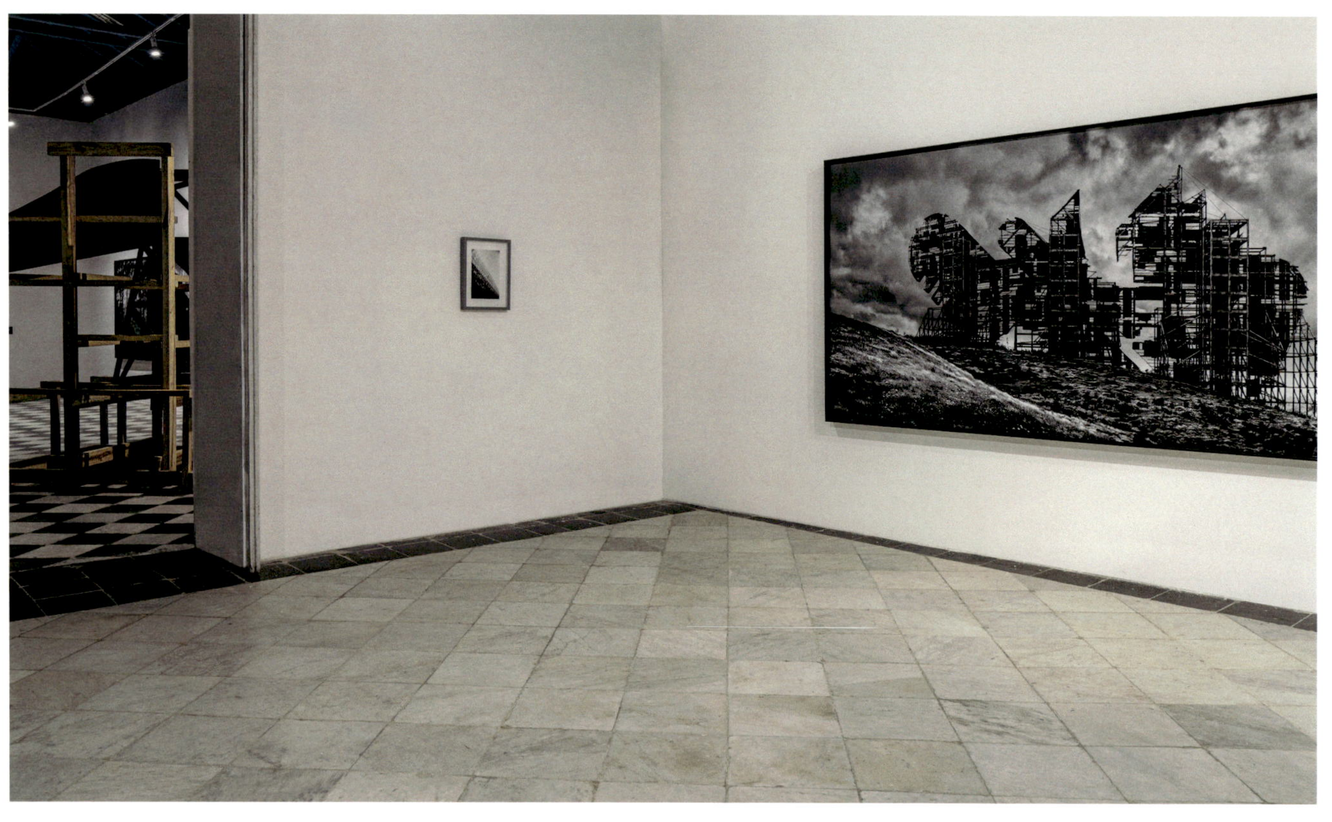

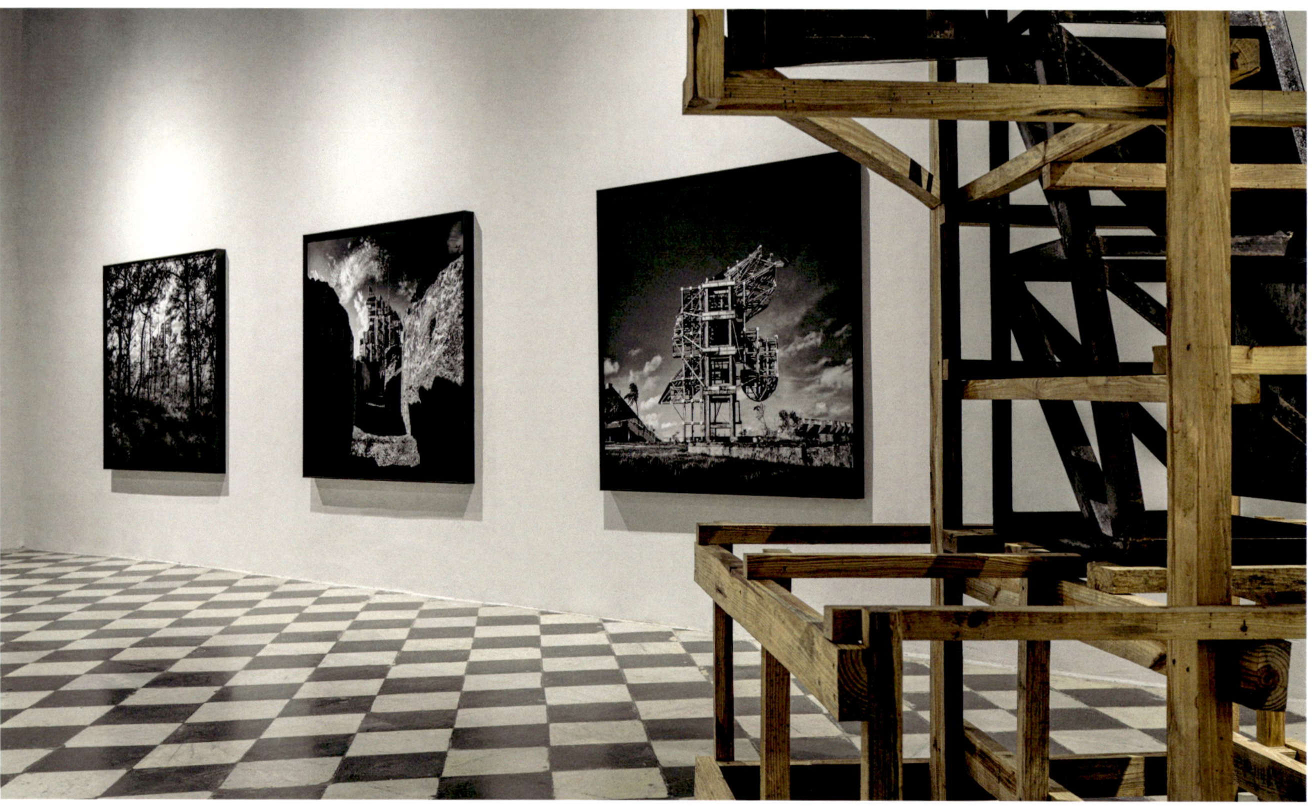

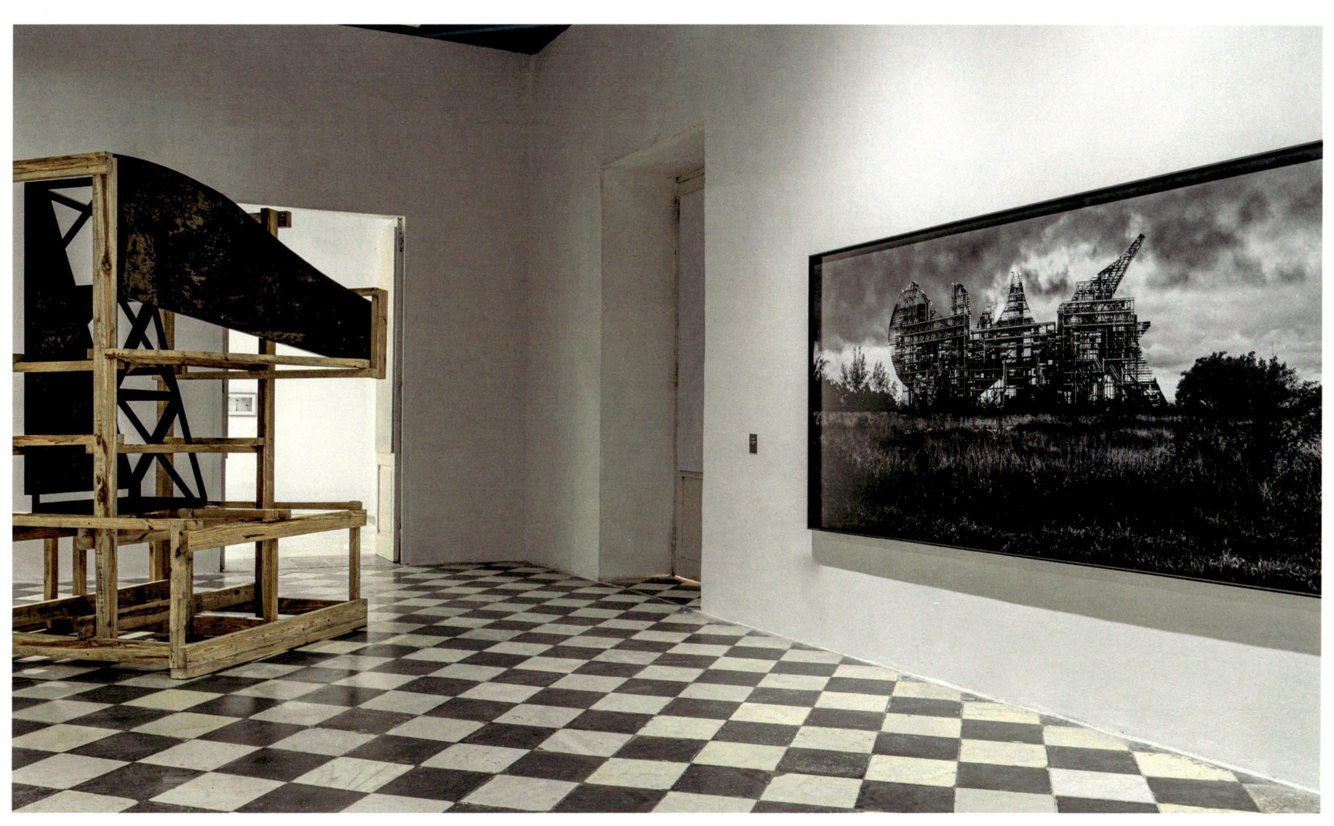

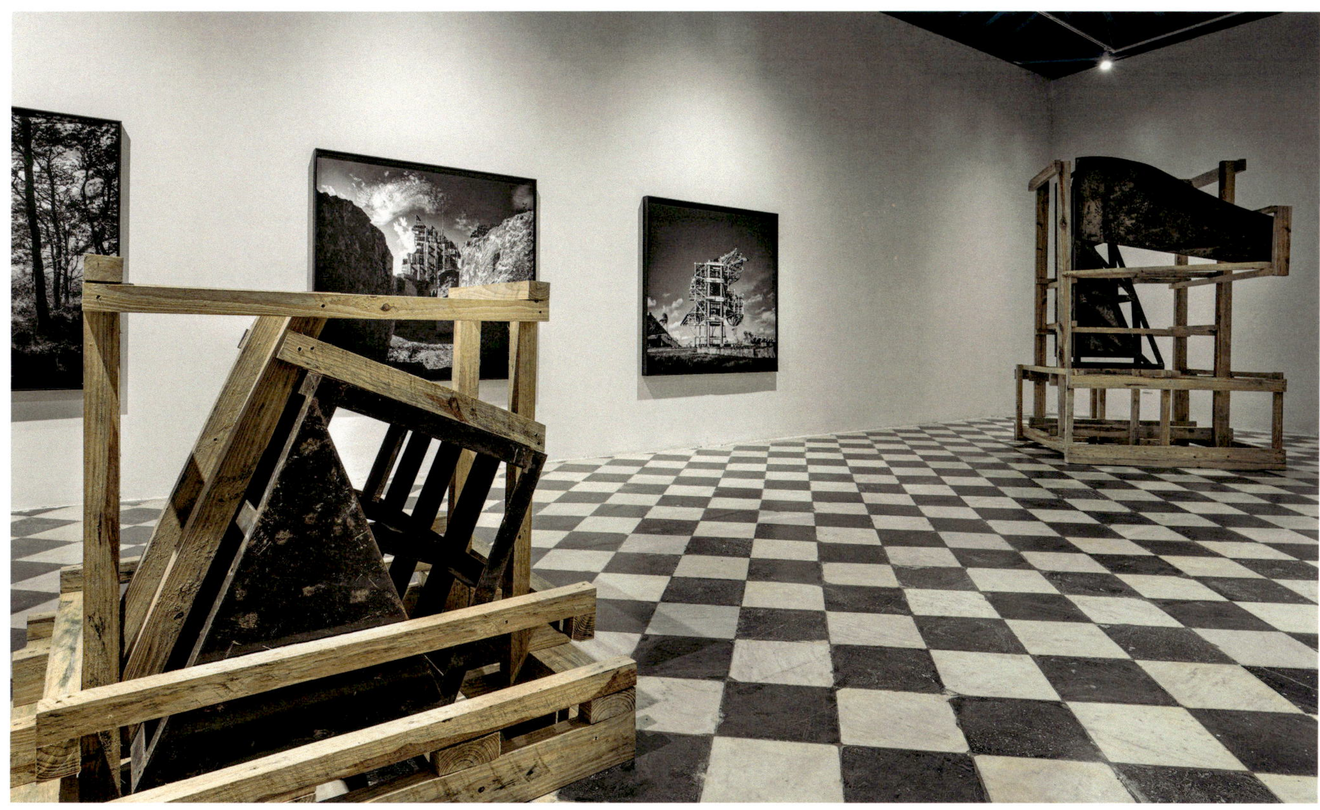

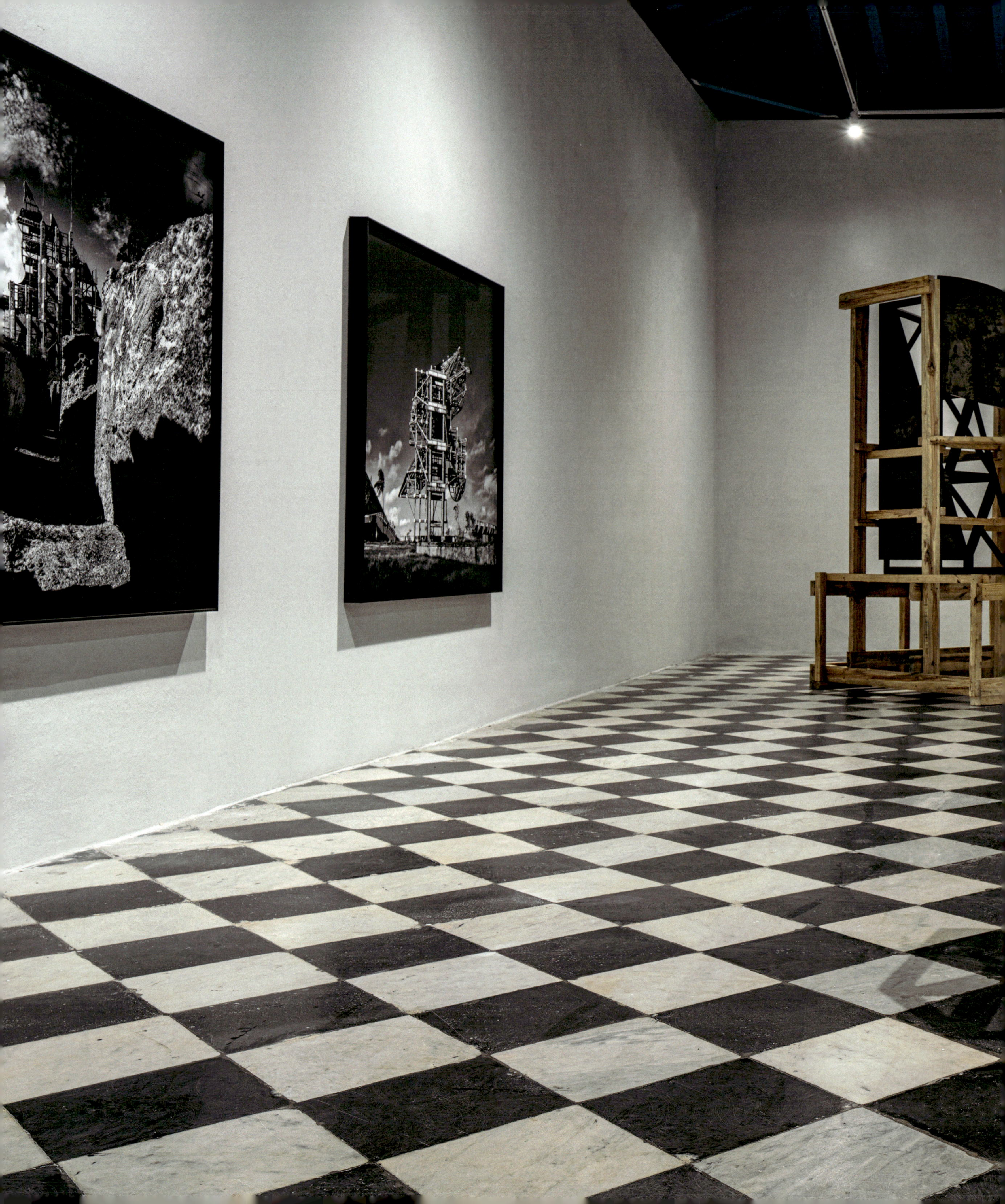

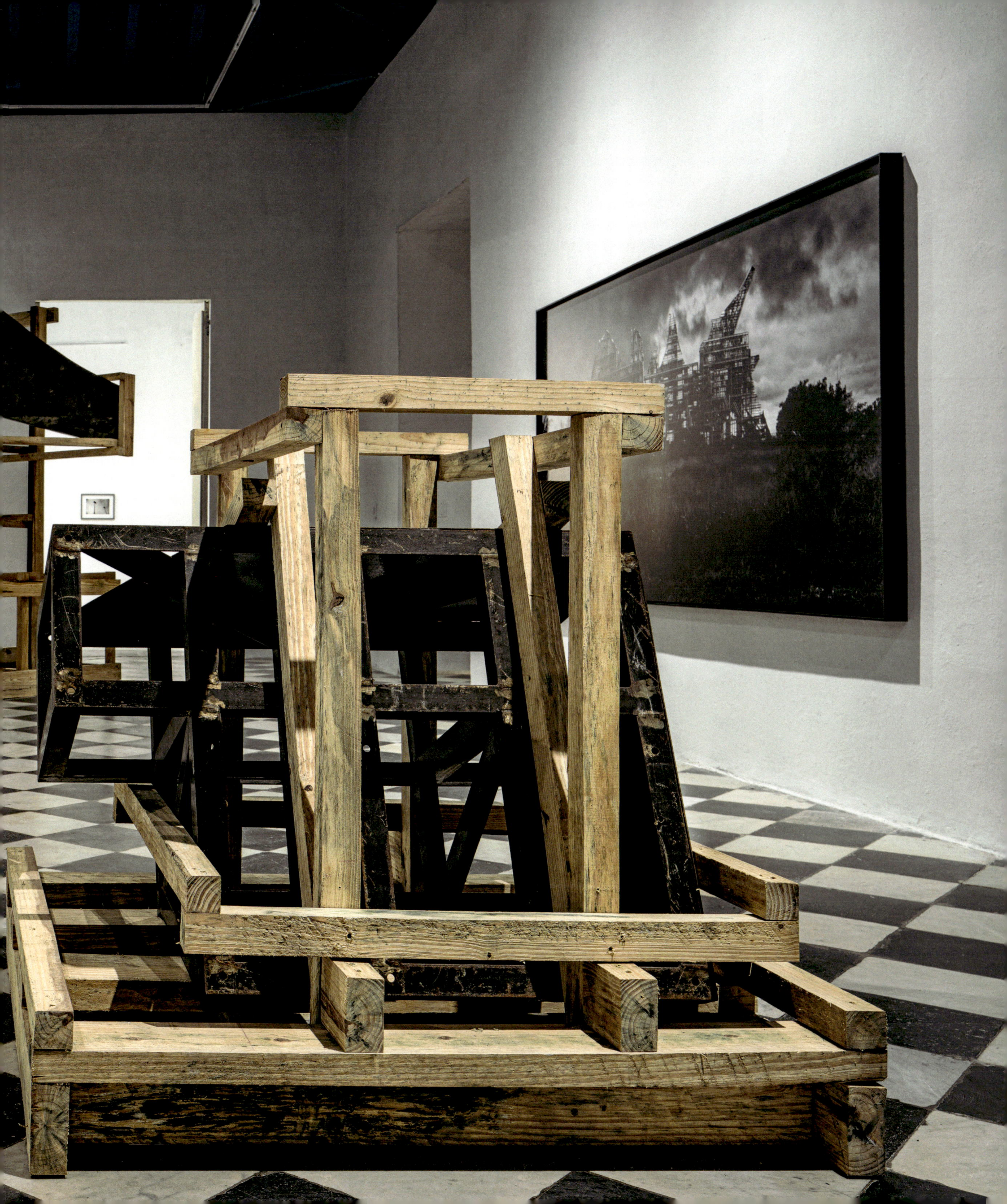

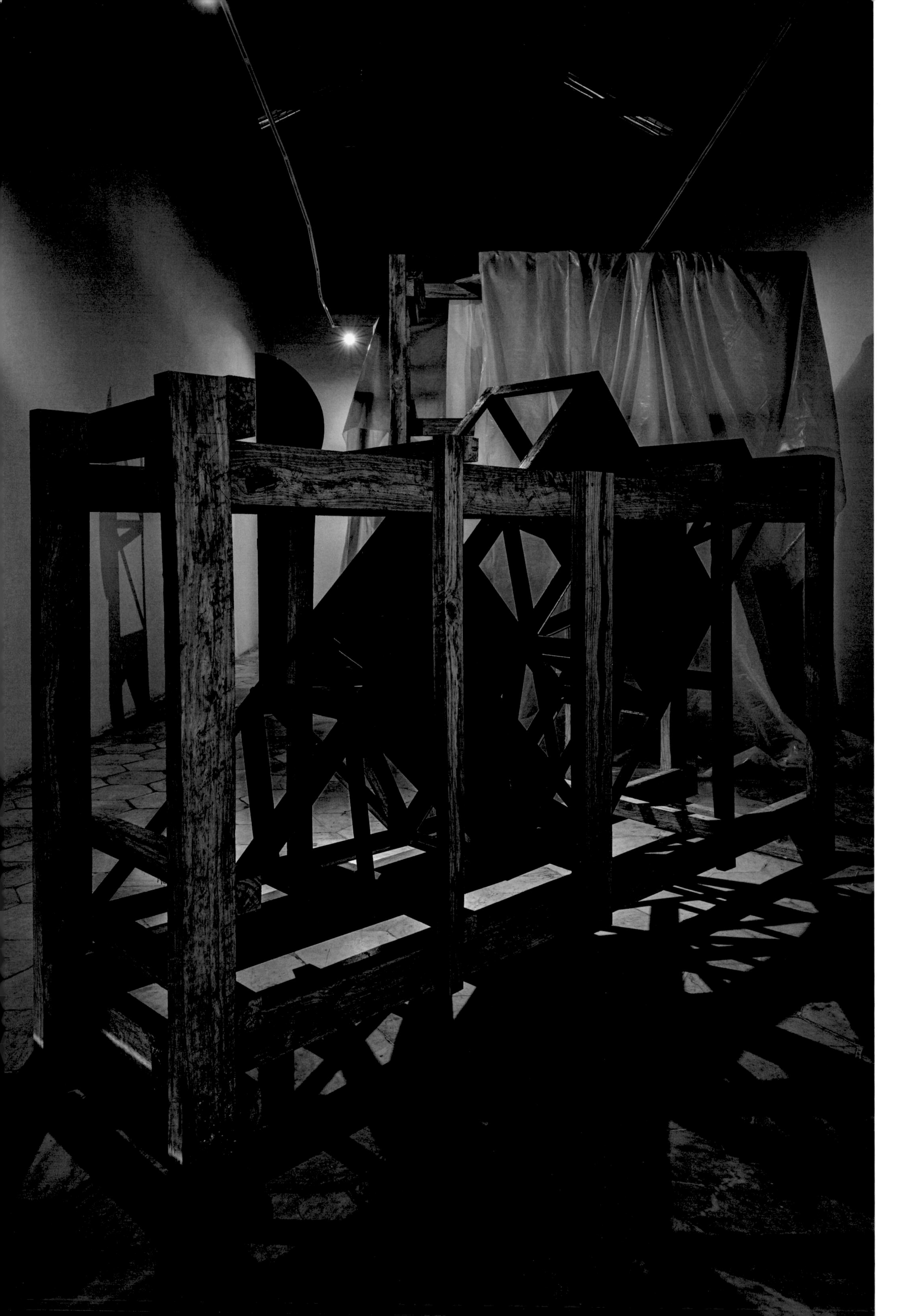

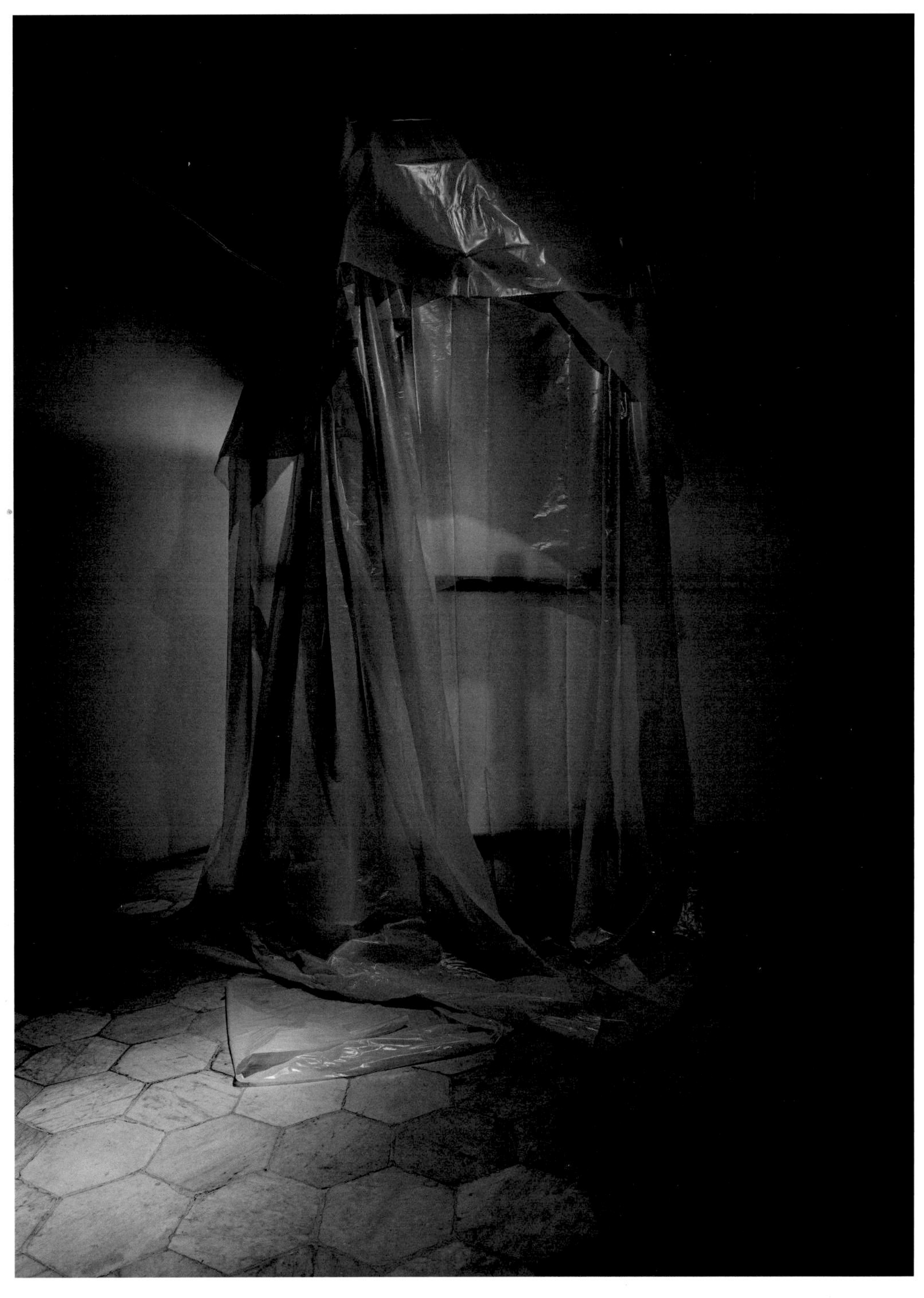

SIN TÍTULO — 2020   INSTALACIÓN / CONJUNTO DE 7 PIEZAS
ACERO AL CARBONO, MADERA, LÁMINA DE PLÁSTICO / DIMENSIONES VARIABLES
INSTALLATION / SET OF 7 PIECES
CARBON STEEL, WOOD, PLASTIC SHEETING / VARIABLE DIMENSIONS

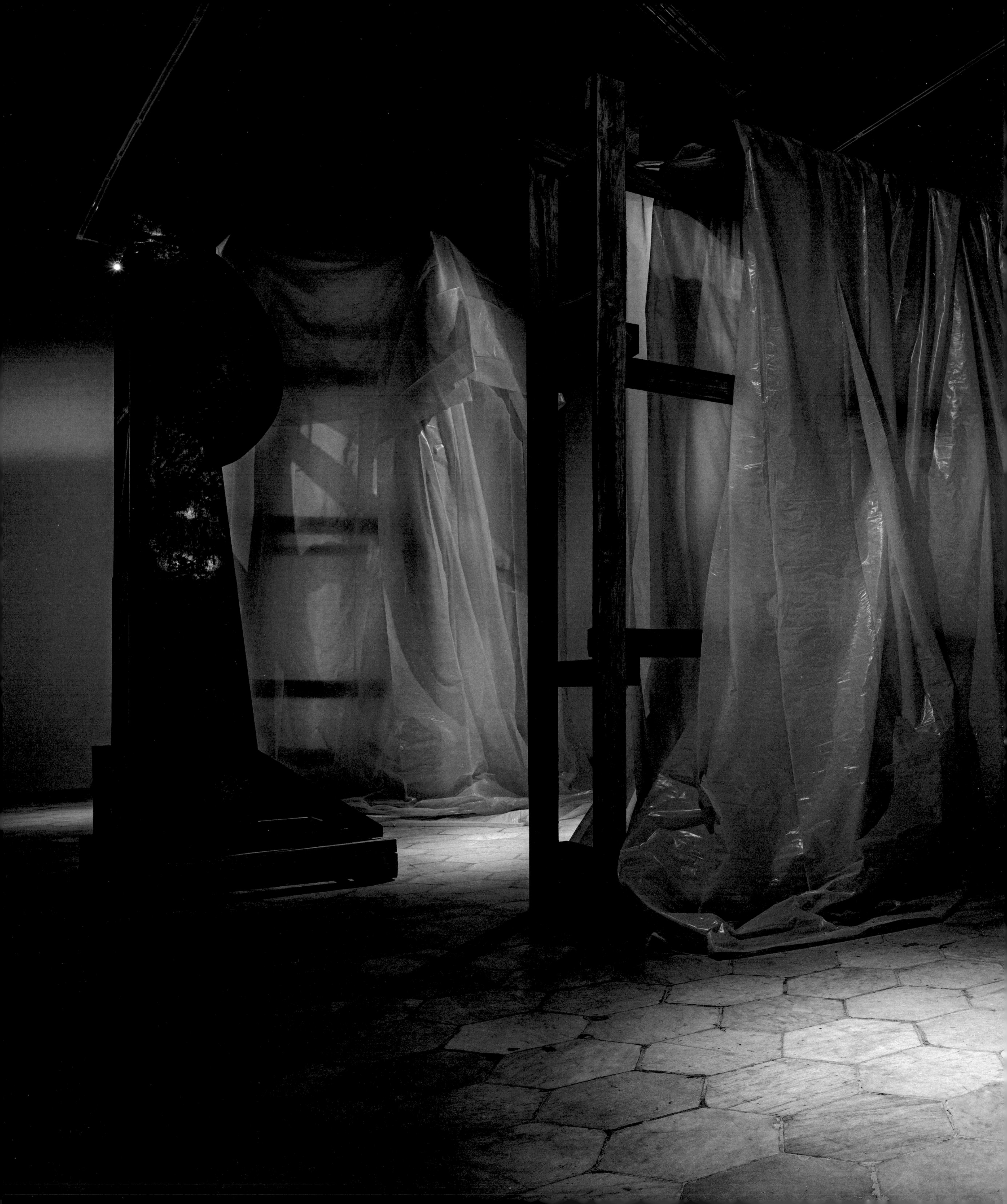

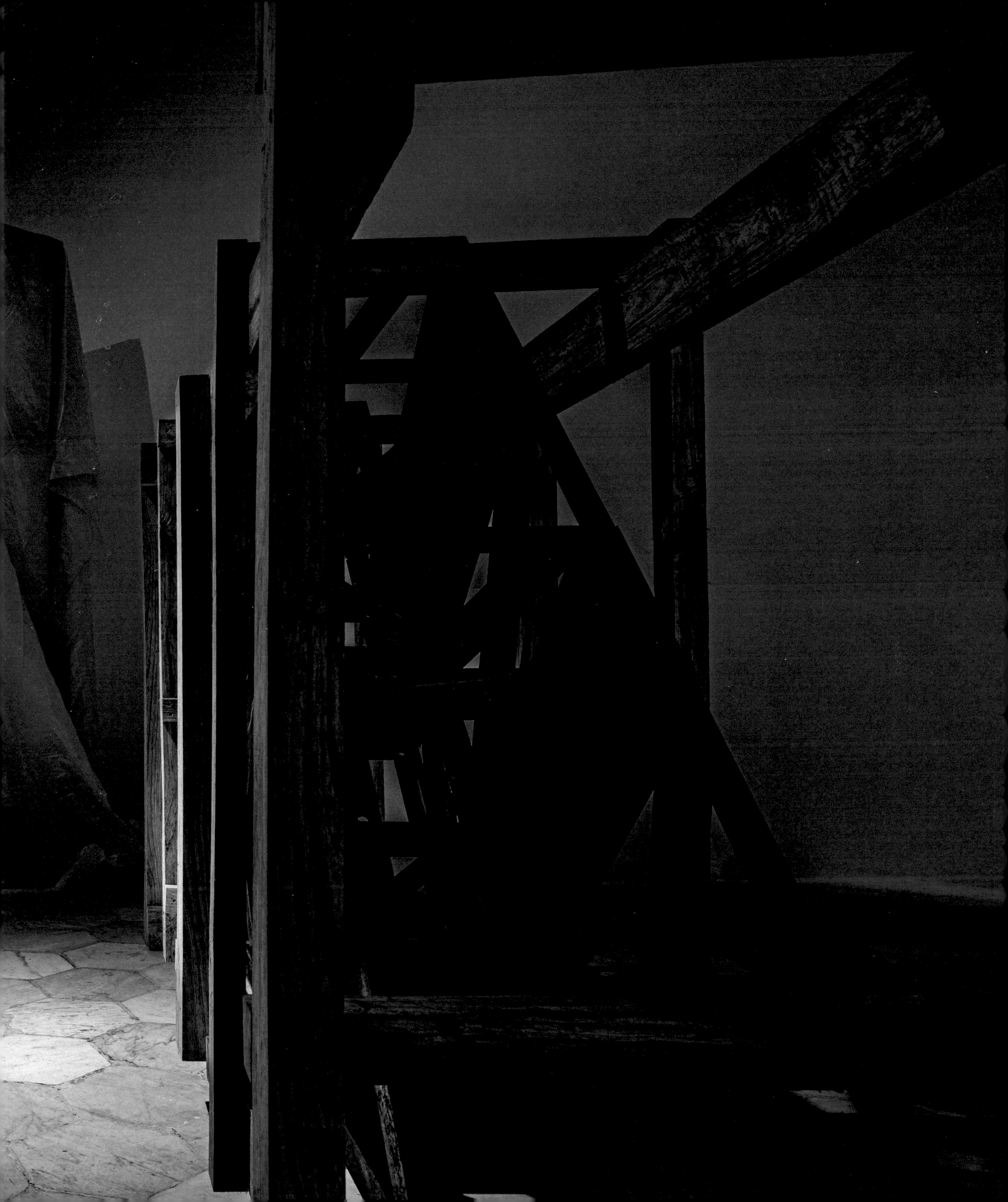

ADRIÁN FERNÁNDEZ MILANÉS

LA HABANA — 1984

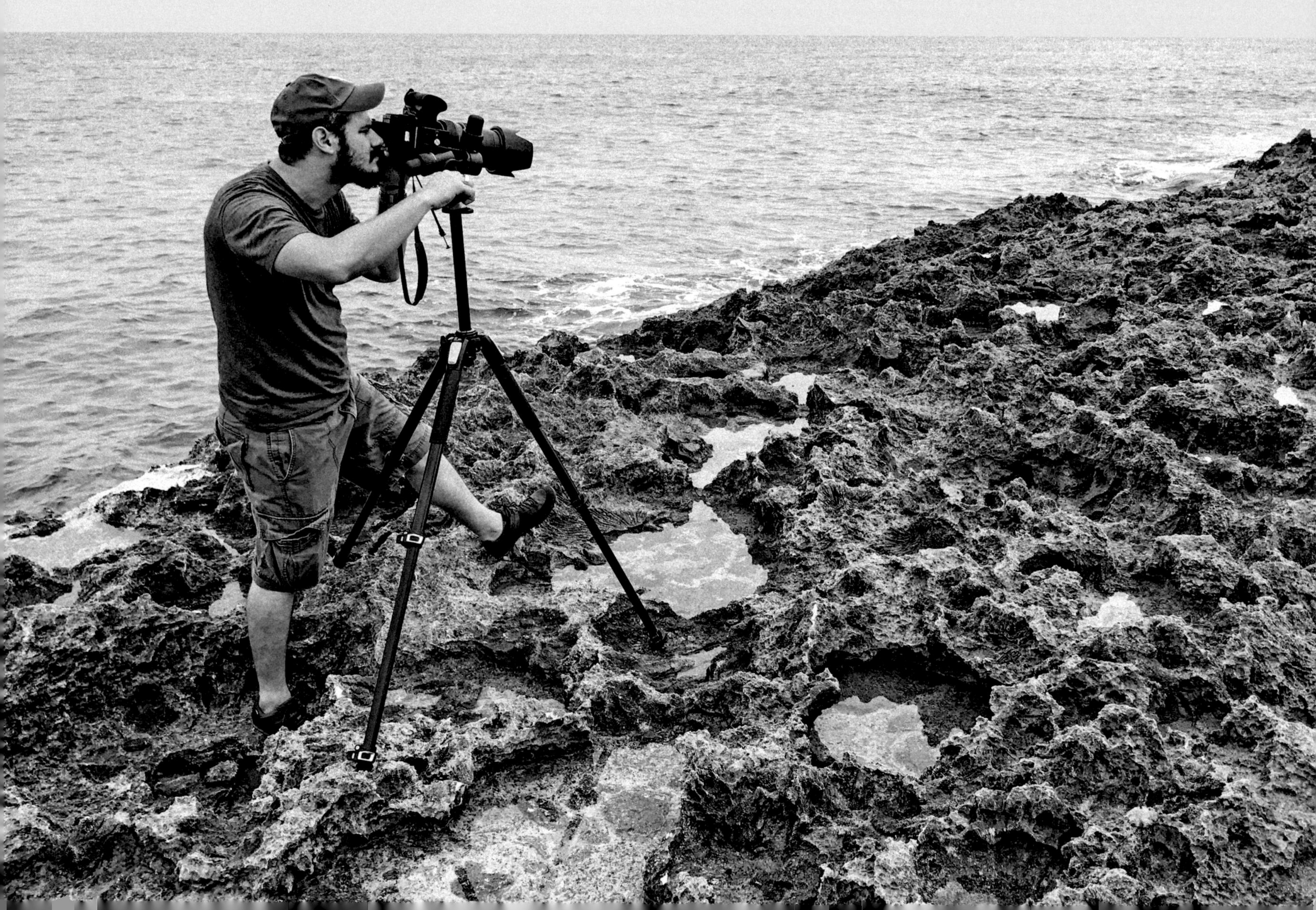

2010	Graduado del Instituto Superior de Arte (ISA), La Habana, Cuba
2008	Taller de Fotografía, New York University Tisch School of the Arts y Fundación Ludwig de Cuba
	Taller de Fotografía Digital de Alta Calidad, Fototeca de Cuba, La Habana, Cuba
2007	Taller de Documentales, New York University Tisch School of the Arts y Fundación Ludwig de Cuba
2004	Graduado de la Academia Nacional de Bellas Artes San Alejandro, La Habana, Cuba

2016, 2014, 2012	Adjunct Professor of Documentary Photography in New York University Tisch School of the Arts, Department of Photography and Imaging

2020	*Memorias pendientes*, Centro de Arte Contemporáneo Wifredo Lam, La Habana, Cuba
2019	*Pending Memories*, Á R E A Gallery, Boston, MA, EE. UU.
	Pending Memories, Montserrat College of Arts, Beverly, MA, EE. UU.
2018	*Monumento al hombre incompleto*, Centro de Desarrollo de las Artes Visuales, La Habana, Cuba
	El umbral de la incertidumbre, NG Art Gallery, Ciudad de Panamá, Panamá
	El umbral de la incertidumbre, Galería Servando, La Habana, Cuba
2015	*Notas sobre el hombre perfecto*, Galería Artis 718, La Habana, Cuba
	Réquiem, Fortaleza San Carlos de la Cabaña, Colateral a la XII Bienal de La Habana, Cuba
2013	*Epílogos de la imagen idealizada*, Galería Servando, La Habana, Cuba
2011	*Estilo de Vida*, Houston Center for Photography, Houston, TX, EE. UU.
2010	*Apuntes para estudio de perfil*, Centro de Desarrollo de las Artes Visuales, La Habana, Cuba
2007	Proyecto *Inventario*, Fundación Ludwig de Cuba, La Habana, Cuba
2006	*Límites*, Galería Juan David, Centro Cultural Cinematográfico Yara, La Habana, Cuba
2003	*IN & OUT*, Centro Provincial de Artes Plásticas y Diseño, Galería Luz y Oficios, La Habana, Cuba
2002	*Otros puntos en el Espacio*, Fototeca de Cuba, La Habana, Cuba
	Límites, Galería José Antonio Díaz Peláez, Academia Nacional de Bellas Artes San Alejandro, La Habana, Cuba

_ Foto: Marco Gómez Zayas

2019
Detrás del Muro, XIII Bienal de La Habana, La Habana, Cuba
HB, Gran Teatro de la Habana, Colateral a la XIII Bienal de La Habana, La Habana, Cuba

2017
Art x Cuba. Contemporary Perspectives since 1989, Ludwig Forum, Aachen, Alemania
Cuban Photography after 1980: Selections from the Museum's Collection, The Museum of Fine Arts, Houston, TX, EE. UU.
Overseas: Cuba and the Bahamas. Contemporary Art from the Caribbean, HALLE 14, Centre for Contemporary Art, Leipzig, Alemania
Shifting Metaphors: Cuba in changing times. Contemporary Cuban photography and video art, Rosphoto, San Petersburgo, Rusia

2016
Cuban Perspectives, Couturier Gallery, Los Ángeles, CA, EE. UU.
Flowers, Fabian & Claude Walter Gallery, Zúrich, Suiza
Sujetos y Predicados, Fábrica de Arte Cubano, La Habana, Cuba
(Art)xiomas. CUBAAHORA: The next Generation, Art Museum of the Americas, Washington, DC, EE. UU.
La piel del otro, Galería Villa Manuela, La Habana, Cuba
Ascensión, Galería El Reino de este Mundo, Biblioteca Nacional de Cuba José Martí, La Habana, Cuba
Cuba Libre: Contemporary Cuban Art since Peter Ludwig, Ludwig Museum Koblenz, Alemania
Expo not photography, Erin Cluley Gallery, Dallas, TX, EE. UU.

2015
El péndulo de Foucault, Parque Morro Cabaña, Colateral a la XII Bienal de La Habana, La Habana, Cuba
HB, Pabexpo, Colateral a la XII Bienal de La Habana, La Habana, Cuba
The light in Cuban eyes, Robert Mann Gallery, Nueva York, NY, EE. UU.
1305 Millas, Magna Metz Gallery, Nueva York, NY, EE. UU.

2014
Post-it, Galería Artis 718, La Habana, Cuba
Dios los cría, Factoría Habana, La Habana, Cuba

2013
Puente, Cuban Art Exhibition, Centro de Arte Helen Day, Stowe, VT, EE. UU.
Pingyao International Photography Festival, Pingyao, China
Nordic Light, Festival Internacional de Fotografía, Kristiansund, Noruega

2012
Festival de fotografía de Phnom Penh, Instituto Francés de Camboya, Quai Sisowath, Phnom Penh, Camboya
In the Light of Cuban Eyes, Lake Forest College, Chicago, IL, EE. UU.
The Art of Photography show, Museum of the Living Artist, San Diego, CA, EE. UU.
Fotografía Cubana Contemporánea, *Festival Photoaix*, Galería Fontaine Obscure, Aix de Provence, Provenza, Francia
En Mala Forma, Fortaleza San Carlos de la Cabaña, Colateral a la XI Bienal de La Habana, Cuba
Estudio 7&60, Open Studio, Galería Servando, Colateral a la XI Bienal de La Habana, Cuba
7 & 60 studio, Art 12 Gallery, Amberes, Bélgica

2011
Bienal Photo Quai 2011, Museo de Quai Branly, París, Francia

2010
Del Ser o el Parecer, Carrie Haddad Photographs, Nueva York, NY, EE. UU.
El otro extremo de la bala, Pabellón Cuba, La Habana, Cuba

2009	*Fotografía Cubana Contemporánea,* Paseo de la Reforma, Bosque de Chapultepec, CDMX, México
2008	*V Salón de Arte Cubano Contemporáneo*, Centro de Desarrollo de las Artes Visuales, La Habana, Cuba
	Cubanos Convertibles, Galería Habana, La Habana, Cuba
2007	*Masa Crítica*, Centro de Desarrollo de las Artes Visuales, La Habana, Cuba
	Visitaciones al héroe, variaciones de la duda, Sala Cero, Alianza Francesa, La Habana, Cuba
	Ni a favor ni en contra, todo lo contrario, Facultad de Artes y Letras, Universidad de La Habana, La Habana, Cuba
2006	*Reencuentro, XX Aniversario Fototeca de Cuba*, Convento de San Francisco de Asís, La Habana, Cuba
2005	*Entrópicos II*, Fundación Paix de Guatemala, Antigua Guatemala, Guatemala
2004	*Luces y Sombras*, Convento San Francisco de Asís, La Habana, Cuba

FERIAS
FAIRS

2019	ArtBo. Galería Servando, Bogotá, Colombia
	Zona MACO. Galería Servando, CDMX, México
2018	ArtBo. Galería Servando, Bogotá, Colombia
	Zona MACO. Galería Servando, CDMX, México
	Scope New York. NG Art Gallery, Miami, FL, EE. UU.
2017	Scope Miami. NG Art Gallery, Miami, FL, EE. UU.
	Armory Show. Yossi Milo Gallery, Nueva York, NY, EE. UU.
	Scope Art Fair. NG Art Gallery, Nueva York, NY, EE. UU.
2016	Photo Basel. Fabian & Claude Galerie, Zúrich, Suiza
2015	Scope Art Fair. The Schoolhouse Gallery, Miami, FL, EE. UU.

COLECCIONES
COLLECTIONS

21C Museum Hotels Collection, EE. UU.
Berezdivin Collection, Santurce, Puerto Rico
Consejo Nacional de las Artes Plásticas, La Habana, Cuba
Fabian & Claude Walter Collection, Zúrich, Suiza
Fototeca de Cuba, La Habana, Cuba
Jayant & Maria Kumar Collection, Albuquerque, NM, EE. UU.
Jordan Schnitzer Museum of Art, University of Oregon, Eugene, OR, EE. UU.
Lucy & Dick Glasebrook Collection, Greenwich, CT, EE. UU.
Madeleine & Harvey Plonsker Collection, Chicago, IL, EE. UU.
Memorial Sloan Kettering Cancer Center Collection, Nueva York, NY, EE. UU.
Museo Nacional de Bellas Artes, La Habana, Cuba
Robert Funcke Collection, Frankfurt, Alemania
Robyn Mewshaw & Ben Indek Collection, Nueva York, NY, EE. UU.
Seavest Collection, Nueva York, NY, EE. UU.
Susie & Mitchell Rice Collection, Tampa–Nueva York, EE. UU.
The Museum of Fine Arts, Houston, TX, EE. UU.

DISEÑO DESIGN	VÍCTOR CABRERA
TRADUCCIÓN TRANSLATION	GRISEL PADRÓN
EDICIÓN Y PRODUCCIÓN PUBLISHING & PRODUCTION	TURNER
IMPRESIÓN PRINTING	ARTES GRÁFICAS PALERMO
ENCUADERNACIÓN BINDING	MÉNDEZ

© **DE LA EDICIÓN** THIS EDITION — TURNER — 2021

© **DE LOS TEXTOS** THE TEXTS — IVÁN DE LA NUEZ — MALCOLM DANIEL

© **DE LAS OBRAS** THE WORKS — ADRIÁN FERNÁNDEZ

ISBN: 978-84-18895-21-0
DL: M — 25669-2021